Gute Hunde

Gute Hunde

Die feinsten Hundegeschichten

von

P. G. Wodehouse

Illustrationen von Cecil Aldin

edition tieger

Die Deutsche Nationalbibliothek verzeichnet diese Publikation in der Deutschen Nationalbibliografie; detaillierte bibliografische Daten sind im Internet über http://d-nb.de abrufbar.

Originaltitel: About My Friends, The Mixer, Gone Wrong, Bingo and the Peke-Crisis, The Go-Getter, Ukridge's Dog College

Übersetzungen von Günter Eichel, Annemarie Arnold-Kubina, Harald Raykowski, Kerstin Winter

Coverbild: Bulldog (pen & ink & wash on paper) by Cecil Charles Windsor Aldin (1870-1935). Private Collection / The Bridgeman Art Library Berlin

Design: Sigrun Bönold
ISBN 978-3-86671-068-9
edition tieger
Imprint der Autorenhaus Verlag GmbH

Umwelthinweis:
Dieses Buch wurde auf chlor- und säurefreiem Papier gedruckt.
Druck und Bindung: Westermann Druck Zwickau

Der Verlag dankt besonders für die Unterstützung bei der Recherche und Auswahl der Geschichten Peter Nieuwenhuizen, Präsident der P.G.Wodehouse Society, Niederlande, und seinem Kollegen, Tony Ring, in London.

Inhalt

Von meinen Freunden

Wir alle haben viel über Hunde zu sagen, dürfen es aber selten. Jeder hat wohl schon auf einer beliebigen Party folgende Szene erlebt: Ein Mann, nennen wir ihn Mann A, versucht einem anderen, Mann B, etwas über die Klugheit seines Hundes zu erzählen, doch Mann B unterbricht immer wieder mit Beispielen, die die Klugheit *seines* Hundes belegen sollen. Mann A erhebt daraufhin die Stimme, Mann B tut es ihm gleich, und bald schon lässt ihre Diskussion den Stuck von der Decke rieseln und versetzt die anderen Gäste in den Glauben, sie seien unversehens in studentische Proteste geraten. Statistiker schätzen, dass auf diese Weise mehr Groll, Übelwollen und böses Blut erzeugt wird als bei jeder anderen Methode zur Erzeugung von Groll, Übelwollen oder bösem Blut. Zwar kommt es selten zu Handgreiflichkeiten, doch nahezu immer zur Beendigung der Freundschaft.

Klüger ist es also, derart vulgäres Gezänke zu meiden und lieber über Hunde zu schreiben, anstatt über sie zu reden. Keine Gefahr, von einem ungehobelten Flegel mit lauter Stimme angebrüllt zu werden. Und Klassenunterschiede gibt es auch nicht: Ob Rassehund oder Bastard – hier sind sie alle versammelt.

Wie das Leben manchmal so spielt, bekam ich erst einen eigenen Hund, als ich nach Great Neck, Long Island, zog. Damals schrieben Guy Bolton, Jerry Kern und ich gerade eine Revue für Flo Ziegfeld. Sie wurde nur siebenunddreißig Mal aufgeführt, die Ausbeute war also nicht allzu gut, aber ich zog aus dem Flop dennoch einen Gewinn, denn ein Mitglied der Truppe schenkte mir eine Französische Bulldogge namens Sammy. Sammy war ein Tier, wie man es sich lieber und gutmütiger nicht vorstellen kann. Zu lieb, wie wir manchmal dachten. Sammy fand jeden, der an unserem Gartentor vorbeiging, sympathisch und zog hinaus, um sich mit ihm zu verbrüdern. Als er das erste Mal verschwand, gab ich dem Mann, der ihn zurückbrachte, zehn Dollar, was sich rasch unter den Kindern im Ort herumsprach und ihren Geschäftssinn weckte. Von nun an kamen sie an unser Tor und riefen »Sammy, Sammy«, und der Hund trottete kreuzbrav mit ihnen, woraufhin sie ihn bald mit einem fröhlichen »Wir haben Ihren Hund auf der Straße gefunden, Mister« zurückbrachten und abkassierten. Es versteht sich von selbst, dass keine Börse einem solchen Ansturm standhalten konnte, vor allem dann nicht, wenn sie durch die Einnahmen einer Revue gefüllt werden soll, die nur siebenunddreißig Mal aufgeführt wird. Die Kurse fielen ins Bodenlose, und bald schon glaubte jeder Bursche, der einen Quarter bekam, ein gutes Geschäft gemacht zu haben.

Als Sammy seinem hohen Alter erlag, machte ich, wie ich meine, einen Fehler, indem ich zu seinem Nachfolger einen Aberdeen Terrier bestimmte, der auf dem Namen Angus hörte (obwohl er es selten tat). Aberdeen Terrier sind intelligent und (falls man sich nicht an den buschigen Brauen stört) hübsch, aber so spröde und kalvinistisch geprägt, dass sich ein mit Fehlern behaftetes menschliches Wesen in ihrer Gegenwart unmöglich wohlfühlen kann. Manches Mal baute Angus sich vor mir auf und musterte mich mit dem Blick eines schottischen Priesters, der im Begriff steht, seine Gemeinde für ihre Sünden zusammenzustauchen. Die Sonntage mit ihm waren besonders quälend. Nahezu alles, was man am Sonntag tun kann, erregt das Missfallen eines Aberdeen Terriers. Widerstrebend willigte er ein, mit mir nach dem Mittagessen einen Spaziergang zu machen, aber falls ich mich so weit vergaß und nach ihm pfiff, zeigte er mir mit seiner Haltung eindeutig, was er von Menschen hielt, die am heiligen Sonntag zu pfeifen wagten. Ich war erleichtert, als ich ihn einem Mann geben konnte, der für ihn besser geeignet war.

Nach Angus verfielen meiner Frau und ich den Pekinesen. Viele Menschen verunglimpfen diese Rasse, aber glauben Sie mir – sie haben etwas. Falls man ihnen etwas anlasten muss, dann die Angewohnheit, sich selbst zu wichtig zu nehmen. Aber wer will ihnen das verübeln? Jahrhundertelang befanden sie sich ausschließlich in kaiserlichem Besitz. Falls man nicht Kaiser war und mit einem Pekinesen erwischt wurde, drohte dem Täter der Tod der Tausend Schnitte, eine alte chinesische Strafe für kleinere Ordnungswidrigkeiten, die sich ungefähr mit unserem Fünfzehn-Dollar-Strafzettel für das Parken neben einem Hydranten vergleichen lässt. Unsere Pekinesen kehrten allerdings nie ihren Stand heraus. Demokratischer und leutseliger kann man nicht sein.

Über Bill, den Foxhound, den ersten unserer Remsenburg-Hunde, hätte, so fürchte ich, allerdings sogar der toleranteste Leser den Kopf geschüttelt. Bill war ein Streuner, fast verhungert und so mit Zecken übersät, dass nur ein scharfes Auge den Hund darunter erkennen konnte.

Nachdem wir ihn aufgenommen, aufgepäppelt und fachmännisch entzeckt hatten, beruhigte sich sein unsteter Geist ein wenig – aber nur in ländlicher Umgebung. Als ihm einmal keine Wahl blieb, als mit uns nach New York zu kommen, sprang er zwar aus unserem Auto, weigerte sich aber, das Wohnhaus zu betreten, in dem er offenbar eine Falle vermutete. Mit Mühe gelang es mir, das widerstrebende Tier zum Aufzug zu zerren, wo ich ihn überreden konnte, einzusteigen, doch als wir oben ankamen, sträubte er sich, den Aufzug zu verlassen. Vermutlich zog er die schlechten Bedingungen des Fahrstuhls immer noch den unbekannten Schrecken vor, die hinter jener finsteren Wohnungstür lauern mochten. Die ganze Szene erinnerte mich stark an den Höhepunkt eines alten Spielfilms, bei dem das Gefängnispersonal James Cagney zu überreden versucht, die Todeskammer zu betreten. Erst viele Tage später kam der Hund endlich zu dem Schluss, dass seine Ängste unbegründet waren, so dass wir uns ein wenig entspannen konnten.

Die Frage, ob Hunde einen Sinn für Humor besitzen, wird häufig und hitzig diskutiert, und ich würde mich daran sehr gerne beteiligen, wenn Sie einen Moment Zeit für mich erübrigen könnten. Meiner Ansicht nach ist es von Hund zu Hund verschieden. Dachshunde haben Humor, Bernhardiner und Dänische Doggen dagegen nicht. Anscheinend muss ein Hund klein sein, um einen guten Witz zu schätzen zu wissen; mir ist jedenfalls noch kein Irischer Wolfshund begegnet, der versucht hätte, aus dem Stegreif komisch zu sein.

Allerdings sollte man keinen Hund wissen lassen, dass er lustig ist, denn er wird es augenblicklich übertreiben. So geschah es uns zumindest mit Rudolph, dem Dackel, der für einen guten Lacher wirklich alles tat. Natürlich sind Dackel allein durch ihre besondere Gestalt dafür prädestiniert. Es ist kein Wunder, dass ein Hund, der ein Publikum allein durch sein Äußeres zum Kichern bringen kann, der Meinung ist, er sei nahezu zwingend für die Rolle des Komikers bestimmt.

Zu jener Zeit besaß ich ein Cottage etwas außerhalb eines englischen Dorfs, in dem man Enten hielt, und eines Tages kam ein Farmer zu mir zu Besuch. Er klagte, seine Enten würden verschwinden, und der Verdacht sei auf meinen Rudolph gefallen. Natürlich wollte ich wissen, warum, und er sagte mir, dass es außer Rudolph in dieser Gegend nur noch seinen Towser gab, und Towser sei so gut ausgebildet, dass er eine Ente nicht einmal dann anrühren würde, wenn man sie ihm mit Orangensauce servierte.

Ich reagierte indigniert: Er müsse doch nur in Rudolphs redliche braune Augen blicken, um zu erkennen, wie empörend sein Verdacht sei. Ja, habe er denn noch nichts von Füchsen gehört? Oder von Wieseln? Mardern? Wie viel logischer, dass eine von diesen Kreaturen der Übeltäter sei? Mein Nachbar begann zu wanken und wollte sich schon entschuldigen, als Rudolph, der die ganze Zeit über interessiert gelauscht, aber irgendwann den Raum verlassen hatte, mit einer Ente in der Schnauze zu uns zurückkehrte.

Ja, Dachshunde übertreiben es wahrlich mit ihrem Sinn für Humor, und ich nehme an, dass auch andere Hunde ihre Fehler haben. Aber sind sie nicht belanglos, verglichen mit den vielen Nutzen, die diese Tiere mit sich bringen? Legen Sie also Ihr Buch beiseite und erheben Sie sich mit mir zu stehenden Ovationen für die Hunde dieser Welt – seien es nun Airedales oder Drahthaarterrier, Bulldoggen, Pekinesen, Cairns, Spaniel, Boxer, Malteser, Yorkshire, Barsois, Bloodhounds, Bedlingtons, Pointers, Setter, Mastiffs, Neufundländer, Bernhardiner, Doggen, Collies, Chowchows, Pudel oder jene seltsamen kleinen mexikanischen Hunde, deren Name mit C beginnt und wie ein Nieser klingt.

Mein Freund Fred

Wenn ich so zurückblicke, finde ich immer wieder, dass meine richtige Karriere als Hund eigentlich in dem Augenblick begann, in dem ich von dem Schüchternen für den Betrag von einer halben Krone gekauft wurde. Dieses Ereignis kennzeichnete das Ende meiner Flegeljahre. Das Bewusstsein, für jemanden Bargeld wert zu sein, erfüllte mich mit einem Gefühl neuer Verantwortung. Es ernüchterte mich. Und davon abgesehen, kam ich erst in die große Welt hinaus, nachdem die halbe Krone ihren Besitzer gewechselt hatte; wie interessant das Leben auch in einer East-End-Kneipe sein mag – erst wenn man in die Welt hinauskommt, erweitert man tatsächlich seinen Horizont und beginnt, die Dinge klar zu erkennen.

Innerhalb seiner Grenzen war mein Leben bisher einmalig erfüllt und abwechslungsreich gewesen. Geboren wurde ich, wie gesagt, in einer Kneipe des Londoner Stadtteils East End, und mag es in einer Kneipe auch an Bildung und wahrer Kultur mangeln, fest steht, dass das Leben dort sehr aufregend ist. Ich war noch keine sechs Wochen alt, als ich bereits drei Bobbys, die nach der Polizeistunde durch die Seitentür gekommen waren, dadurch zu Fall gebracht hatte, dass ich ihnen zwischen die Beine geraten war; dabei hatten die drei nur geglaubt, verdächtige Geräusche zu hören. Und ich erinnere mich noch heute des interessanten Gefühls, als ich nach einem genau geplanten und restlos erfolgreichen Überfall auf die Vorratskammer mit einem Besen siebzehn Mal um den Hof gejagt wurde. Diese und andere Ereignisse ähnlicher Art wirkten zwar im Moment lindernd, konnten jedoch niemals die Unruhe beseitigen, die immer ein so wesentlicher Zug meines Charakters gewesen ist. Ich bin immer ruhelos gewesen, unfähig, länger an einem Ort zu verweilen, und immer darauf bedacht, das Nächste zu tun. Schuld mag daran sein, dass ein Zweig meines Stammbaumes von Zigeunern gebildet wird – einer meiner Onkel reiste mit einem Zirkus –, oder aber es kommt von dem künstlerischen Temperament, das ich von einem Großvater ererbt habe. Bevor dieser Großvater in der Requisitenkammer des Bristol Coliseum, das er auf einer beruflichen Reise aufgesucht hatte, dadurch verschied, dass er ein Übermaß an Kleister zu sich genommen hatte, genoss er großes Ansehen als einer von Professor Ponds dressierten Pudeln.

Die Fülle und Vielfalt meines Lebens verdanke ich jedoch dieser meiner Ruhelosigkeit, denn zu wiederholten Malen habe ich ein komfortables Heim verlassen, um einem mir völlig Fremden zu folgen, der den Eindruck machte, als befände er sich auf dem Weg zu irgendwelchen interessanten Dingen. Manchmal glaube ich fast, dass etwas Katzenblut in meinen Adern fließt.

Der Schüchterne kam eines Nachmittags im April auf unseren Hof, als ich gerade mit meiner Mutter auf einem alten

Pullover in der Sonne schlief; den Pullover hatten wir uns von Fred, einem der Kellner, ausgeliehen. Ich hörte Mutter knurren, nahm jedoch keine Notiz davon. Mutter ist das, was man einen guten Wachhund nennt, und mit Ausnahme unseres Herrn knurrt sie bei allem und jedem. In der ersten Zeit sprang ich, wenn sie zu knurren begann, hoch und bellte mir die Kehle heiser, später jedoch nicht mehr. Das Leben ist zu kurz, um jeden anzubellen, der auf unseren Hof kommt. Er liegt hinter dem Lokal und dient zur Aufbewahrung leerer Flaschen und anderer Sachen, so dass ständig Leute kommen und gehen.

Abgesehen davon war ich müde. Ich hatte einen sehr geschäftigen Vormittag hinter mir, da ich geholfen hatte, einen ganzen Stapel Bierkisten abzuladen, anschließend in das Lokal gelaufen war, um mich mit Fred zu unterhalten, und ganz allgemein nach dem Rechten geguckt hatte. Deshalb döste ich gerade wieder ein, als ich eine Stimme sagen hörte: »Na ja, hässlich genug ist er!« Da wusste ich, dass man sich über mich unterhielt.

Ich habe mir nie verhehlt – und keiner hat es mir jemals verschwiegen –, dass ich kein hübscher Hund bin. Selbst Mutter hielt mich nie für schön. Obgleich selbst alles andere als eine Schönheit, zögerte sie doch keinen Augenblick, mein Äußeres zu kritisieren. Genaugenommen suche ich noch heute denjenigen, der kein Wort darüber verliert. Und das Erste, was Fremde über mich sagen, ist immer: »Ist der aber hässlich!«

Ich weiß nicht, was ich bin. Mein Gesicht ähnelt zwar dem einer Bulldogge, aber im Übrigen bin ich ein Terrier. Ich besitze einen langen Schwanz, der steil in die Luft ragt.

Mein Haar ist drahtig. Meine Augen sind braun. Ich bin pechschwarz mit weißer Brust. Einmal hörte ich, wie Fred sagte, ich sei ein Gorgonzolakäsehund, und im Allgemeinen habe ich gemerkt, dass Freds Feststellungen zuverlässig sind.

Als ich hörte, dass ich zur Diskussion stand, öffnete ich meine Augen. Mein Herr stand da und sah auf mich hinunter, und neben ihm stand der Mann, der gerade gesagt hatte, ich wäre hässlich. Er war dünn, ungefähr so alt wie ein Kellner und kleiner als ein Polizist. Er trug geflickte braune Schuhe und eine schwarze Hose.

»Er hat aber ein sehr freundliches Wesen«, sagte mein Herr.

Das stimmte glücklicherweise. Mutter sagte immer: »Ein Hund ohne Einfluss oder Privatvermögen muss, wenn er seinen Weg machen will, entweder über ein gutes Aussehen oder über Liebenswürdigkeit verfügen.« Wenn man ihr glauben konnte, übertrieb ich jedoch. »Ein Hund«, so pflegte sie zu sagen, »kann auch ein gutes Herz haben, ohne gleich mit jedem Tom, Dick oder Harry, den er kennenlernt, intim zu werden. Dein Verhalten ist manchmal völlig unhündisch.« Mutter brüstete sich immer, ein Ein-Mann-Hund zu sein. Sie hielt sich immer sehr zurück, und mit Ausnahme unseres Herrn küsste sie niemanden – nicht einmal Fred.

Ich bin nicht nur eine Promenadenmischung, sondern auch sehr gesellig. Ändern kann ich es nicht. Es liegt in meinem Wesen. Ich mag Menschen. Ich mag den Geschmack ihrer Schuhe, den Geruch ihrer Beine und den Klang ihrer Stimmen. Vielleicht ist es eine Schwäche von mir, aber ein Mensch braucht bloß mit mir zu sprechen, und schon läuft mir ein Schauer über den Rücken und fängt mein Schwanz heftig an zu wedeln.

Auch jetzt wedelte ich. Der Mann sah mich ziemlich zurückhaltend an. Er streichelte mich nicht. Wahrscheinlich war er – was ich später bestätigt fand – schüchtern, so dass ich aufsprang und an ihm hochsprang, um ihm entgegenzukommen. Mutter knurrte wieder. Ich spürte, dass sie es nicht billigte.

»Na sehen Sie – er mag Sie schon richtig gern.«

Der Mann sagte kein einziges Wort. Er schien über irgendetwas nachzudenken. Er gehörte zu den Stillen. Und er erinnerte mich an Joe, den alten Hund aus dem Lebensmittelladen in derselben Straße, der den ganzen Tag vor der Tür liegt, vor sich hin blinzelt und auch mit keinem redet.

Mein Herr begann von mir zu erzählen. Und es überraschte mich, wie sehr er mich lobte. Keine Ahnung hatte ich gehabt, dass er mich so bewunderte. Nach allem, was er sagte, hätte man direkt annehmen können, ich hätte im Kristallpalast schon eine Menge Preise und Auszeichnungen gewonnen. Aber den Mann schien es nicht zu beeindrucken. Er schwieg weiter.

Als mein Herr ihm erzählt hatte, was für ein wunderbarer Hund ich wäre, so dass ich richtig rot wurde, redete der Mann.

»Immer langsam«, sagte er. »Ich biete eine halbe Krone, und wenn er ein Engel vom Himmel hoch wäre, würden Sie keinen halben Penny mehr herausholen. Also?«

Ein Schauer lief mir über den Rücken und den ganzen Schwanz entlang, denn ich merkte natürlich, was sich hier abspielte. Der Mann wollte mich kaufen und mitnehmen. Hoffnungsvoll sah ich meinen Herrn an.

»Für mich ist er mehr ein Sohn als ein Hund«, sagte mein Herr ein bisschen nachdenklich.

»Dass Sie das finden, kommt von seinem Gesicht«, sagte der Mann empfindungslos. »Wenn Sie einen Sohn hätten, würde der wahrscheinlich genauso aussehen. Eine halbe Krone biete ich – und mir eilt es nicht.«

»Einverstanden«, sagte mein Herr mit einem Seufzer. »Obgleich das geschenkt ist – bei einem so kostbaren Hund. Wo ist die halbe Krone?«

Der Mann nahm einen Strick und band ihn mir um den Hals.

Ich hörte noch, wie Mutter mir Ratschläge zubellte und meinte, ich solle der Familie keine Schande machen, war jedoch zu aufgeregt, um noch genau hinzuhören.

»Wiedersehen, Mutter«, sagte ich. »Wiedersehen, Herr. Wiedersehen, Fred. Wiedersehen allesamt. Ich gehe jetzt ins Leben hinaus. Der Schüchterne hat mich für eine halbe Krone gekauft. Wau!«

Ich rannte immer im Kreise herum und schrie, bis der Mann mir einen Tritt gab und sagte, ich sollte stille sein.

Also war ich es.

Ich weiß nicht, wohin wir gingen, aber jedenfalls war es ein langer Weg. Bisher war ich in meinem Leben noch nicht aus unserer Straße fort gewesen, und daher wusste ich nicht, dass die Welt so riesig war. Wir liefen und liefen, und der Mann riss an meinem Strick, sobald ich stehenbleiben und mir irgendetwas anschauen wollte. Er erlaubte nicht einmal, dass ich vorbeikommenden Hunden guten Tag sagte.

Als wir rund hundert Meilen gelaufen waren und gerade in einen dunklen Eingang einbiegen wollten, hielt ein Polizist den Mann plötzlich an. Übrigens merkte ich, dass der Mann an meinem Strick zog und versuchte, schnell weiterzukommen, weil er mit dem Polizisten nicht reden wollte. Je genauer ich mir den Mann anschaute, desto deutlicher sah ich, wie schüchtern er war.

»He!«, sagte der Polizist, und wir mussten stehenbleiben.

»Ich soll Ihnen etwas ausrichten«, sagte der Polizist. »Vom Gesundheitsministerium. Die haben mir gesagt, ich solle Ihnen sagen, dass Sie dringend Luftveränderung bräuchten. Kapiert?«

»Ja«, sagte der Mann.

»Und zwar möglichst bald. Weil Sie sonst merken werden, dass man sie Ihnen verschafft. Kapiert?«

Ich blickte den Mann mit sehr viel Respekt an.

Offensichtlich war er eine sehr bedeutende Persönlichkeit, wenn man sich über seine Gesundheit derartige Gedanken machte.

»Ich fahre heute Abend aufs Land«, sagte der Mann.

Der Polizist schien zufrieden zu sein.

»Da wird sich das Land aber freuen«, sagte er. »Aber kommen Sie lieber nicht noch auf andere Gedanken.«

Und wir gingen weiter und verschwanden in dem dunklen Eingang und stiegen rund eine Million Stufen hoch und kamen in ein Zimmer, in dem es nach Ratten roch. Der Mann setzte sich und fluchte, und ich setzte mich und sah ihn an.

Aber dann konnte ich doch nicht mehr an mich halten.

»Wohnen wir hier?«, sagte ich. »Stimmt es, dass wir aufs Land fahren? War der Polizist einer von der guten Sorte?

Magst du keine Polizisten? In der Kneipe habe ich eine Menge Polizisten gekannt. Gibt es hier keine anderen Hunde? Was gibt es zum Abendbrot? Was ist in dem Schrank? Wann gehst du wieder mit mir spazieren? Darf ich hinausgehen und sehen, ob ich eine Katze finde?«

»Hör auf zu kläffen«, sagte er.

»Wo wohnen wir denn, wenn wir aufs Land fahren? Wirst du vielleicht Hausmeister in einem großen Haus? Freds Vater ist in Kent Hausmeister in einem großen Haus. Ich habe gehört, wie Fred es erzählt hat. Du hast Fred nicht kennengelernt, als du in der Kneipe warst, nicht? Fred würde dir gefallen. Ich mag Fred sehr. Mutter mag Fred auch. Alle mögen Fred.«

Ich wollte ihm noch eine ganze Menge über Fred erzählen, der immer zu meinen wärmsten Freunden gehört hatte, als er plötzlich einen Stock packte und mich durchprügelte.

»Wenn ich sage, du sollst still sein, dann bist du still«, erklärte er.

Er war tatsächlich der schüchternste Mensch, dem ich jemals begegnet bin. Es schien ihn zu verletzen, wenn man mit ihm sprach. Aber schließlich war er der Boss, und ich musste ihm gehorchen, und deswegen sagte ich nichts mehr.

Noch am selben Abend fuhren wir aufs Land, wie der Mann dem Polizisten erklärt hatte. Ich war völlig durcheinander, denn Fred hatte mir schon so viel davon erzählt, dass ich mir immer gewünscht hatte, auch einmal aufs Land zu kommen. Manchmal war Fred mit seinem Motorrad losgefahren, um den Abend bei seinem Vater in Kent zu verbringen, und einmal hatte er ein Eichhörnchen mitgebracht, von dem ich glaubte, es sei für mich zum Essen bestimmt, aber

Mutter hatte nein gesagt. »Das Erste, was ein Hund lernen muss«, pflegte sie oft zu sagen, »ist, dass die Welt nicht geschaffen wurde, damit er sie essen kann.«

Es war ganz dunkel, als wir aufs Land kamen, aber der Mann schien genau zu wissen, wo der Weg war. Er zog an meinem Strick, und wir gingen eine Straße entlang, auf der überhaupt keine Menschen waren. Wir liefen und liefen, aber für mich war alles so neu, dass ich ganz vergaß, wie müde ich war. Mit jedem meiner Schritte merkte ich, wie mein Gesichtskreis sich erweiterte.

Hin und wieder kamen wir an einem sehr großen Haus vorbei, und alle sahen aus, als wären sie leer; ich wusste jedoch, dass immer ein Hausmeister drinnen saß, und zwar von Freds Vater. Diese großen Häuser gehören sehr reichen Leuten, die aber erst im Sommer dort wohnen wollen, weswegen sie einen Hausmeister hineinsetzen, und die Hausmeister haben Hunde, um Einbrecher fernzuhalten. Die ganze Zeit überlegte ich, ob das auch der Grund war, dass ich hierhergebracht wurde.

»Wirst du irgendwo Hausmeister?«, fragte ich den Mann.

»Bist du wohl still«, sagte er.

Also war ich still.

Nachdem wir lange gelaufen waren, kamen wir zu einer kleinen Hütte. Ein Mann trat heraus. Mein Mann schien ihn zu kennen, denn er nannte ihn Bill. Ich war völlig überrascht, als ich sah, dass der Mann Bill gegenüber überhaupt nicht schüchtern war. Die beiden schienen eng befreundet zu sein.

»Ist er das?«, sagte Bill und sah mich dabei an. »Habe ihn heute Nachmittag gekauft«, sagte der Mann.

»Naja«, sagte Bill, »hässlich genug ist er. Richtig böse sieht er aus. Wenn du wirklich einen Hund brauchst, ist der hier genau der richtige. Aber wozu brauchst du ihn? Ich finde fast, dass das eine Menge Ärger gibt, wo es eigentlich gar nicht nötig ist. Warum machen wir nicht einfach, was ich schon immer wollte? Was ist denn daran verkehrt, wenn wir uns den Hund schnappen, wie wir es bisher immer getan haben, und dann einsteigen und uns bedienen?«

»Das will ich dir erzählen«, sagte der Mann. »Erstens kann man sich den Hund nur schnappen, wenn es hell ist, weil sie ihn dann erst rauslassen. Nachts ist er im Haus eingesperrt. Und angenommen, man schnappt sich den Hund am Tage – was dann? Entweder besorgt der Kerl sich einen neuen, bevor es Abend ist, oder er sitzt die ganze Nacht auf und hat ein Gewehr bei sich. Diese Kerle sind keine gewöhnlichen Kerle. Die sind nämlich hier, um auf die Häuser aufzupassen. Das ist ihr Job, und einlassen tun die sich auf nichts.«

Es war die längste Rede, die ich bei dem Mann jemals gehört hatte, und sie schien Bill zu beeindrucken. Er war ganz bescheiden.

»Daran habe ich allerdings nicht gedacht«, sagte er. »Am besten, wir fangen morgen gleich an, diesen Köter zu dressieren.«

Mutter pflegte oft zu sagen, wenn ich davon sprach, in die Welt hinaus und das Leben kennenlernen zu wollen: »Das wird dir bald genug leid tun. Die Welt besteht nicht nur aus Knochen und Leber.« Und ich war noch gar nicht lange mit dem Mann und Bill in der Hütte zusammen, als ich merkte, wie recht sie hatte.

Der Ärger kam allein von der Schüchternheit des Mannes. Es schien, als hasste er es, dass man von ihm Notiz nahm.

Anfangen tat es schon an meinem allerersten Abend in der Hütte. Ich war in der Küche eingeschlafen, müde von den Aufregungen des Tages und den langen Spaziergängen, die ich hinter mir hatte, als irgendetwas mich auffahren ließ. Irgendjemand kratzte am Fenster und versuchte, hereinzukommen.

Ich frage Sie, ich frage jeden Hund: Was hätten Sie an meiner Stelle getan? Seit ich alt genug war, um zuhören zu können, hatte Mutter mir immer wieder eingeschärft, was ich in einem derartigen Fall zu tun hätte. Das gehört bei der Erziehung eines Hundes einfach zum Abc. »Wenn du in einem Zimmer bist und hörst, dass jemand herein will«, pflegte Mutter zu sagen, »dann belle. Es kann jemand sein, der dort etwas zu tun hat, aber es muss nicht so sein. Belle zuerst, und dann erkundige dich. Hunde sind dazu geschaffen, gehört und nicht gesehen zu werden.«

Ich hob also meinen Kopf und kläffte. Ich habe eine schöne tiefe Stimme, dank einiger Jagdhunde unter meinen Vorfahren, und in der Kneipe habe ich es oft, wenn Vollmond war, geschafft, dass die Leute sich aus den Fenstern lehnten und unschöne Dinge herunterriefen. Ich holte also tief Luft und fing an.

»Mann!«, schrie ich. »Bill! Mann! Kommt schnell!

Hier ist ein Einbrecher, der hereinzukommen versucht!«

Dann machte irgendjemand Licht, und es war der Mann selbst. Er war durch das Fenster gekommen.

Er griff nach einem Stock und prügelte mich. Das konnte ich nicht begreifen. Ich verstand einfach nicht, was ich falsch gemacht hätte. Aber er war der Boss, und so blieb es dabei.

Ob Sie mir nun glauben oder nicht: Dasselbe passierte Nacht für Nacht – eine Nacht nach der anderen, ohne Ausnahme! Und manchmal zwei- oder dreimal, bevor es hell wurde. Und jedes Mal bellte ich, so laut ich überhaupt konnte, und jedes Mal machte der Mann Licht und verprügelte mich. Es war unbegreiflich. Das, was Mutter mich gelehrt hatte, konnte doch unmöglich falsch sein!

Dazu hatte sie es zu oft wiederholt. Belle! Belle! Belle! Es war das Kernstück ihres ganzen Erziehungssystems gewesen. Und trotzdem saß ich jetzt hier und wurde jede Nacht verprügelt, weil ich tat, was sie gesagt hatte.

Ich zerbrach mir den Kopf, bis er schmerzte, und schließlich kam ich dahinter. Ich begann zu erkennen, dass Mutters Auffassung zu beschränkt war. Wenn man in einem Wirtshaus mit einem Mann wie meinem Herrn zusammenlebte, in dessen ganzer Veranlagung jede Spur von Schüchternheit fehlte, war es zweifellos richtig zu bellen. Andere Verhältnisse erfordern jedoch ein entsprechendes Verhalten. Ich gehörte einem Mann, der ein Nervenbündel war, der entsetzt zusammenfuhr, wenn man ihn ansprach. Folglich war es meine Aufgabe, alles zu vergessen, was meine Mutter mich gelehrt hatte, auch wenn es im Allgemeinen sicherlich sehr vernünftig war, und mich den Erfordernissen dieses sonderbaren Menschen anzupassen, der mich zufälligerweise gekauft hatte. Ich hatte versucht, mich nach Mutters Anweisungen zu richten, und was es mir eingebracht hatte, waren Prügel, so dass ich ab jetzt nur noch an mich selbst denken wollte.

Als ich in der folgenden Nacht das Fenster aufgehen hörte, blieb ich folglich wortlos liegen, obgleich es mir ausgesprochen gegen den Strich ging. Ich knurrte nicht einmal.

Irgendjemand kam herein und schlich durch die Dunkelheit, mit einer Lampe, aber obgleich ich roch, dass es wieder der Mann war, stellte ich ihm nicht eine einzige Frage. Und wenig später machte der Mann Licht und kam zu mir und streichelte mich, was er bisher noch nie getan hatte.

»Guter Hund!«, sagte er. »Dafür kriegst du das hier.«

Und er ließ mich den Kochtopf auslecken, in dem das Abendessen gekocht worden war.

Danach kamen wir gut miteinander aus. Sobald ich etwas am Fenster hörte, blieb ich einfach zusammengerollt liegen und nahm davon keine Notiz, und jedes Mal bekam ich einen Knochen oder sonst etwas Gutes. Es war ganz einfach, sobald man die Geschichte begriffen hatte.

Es war ungefähr eine Woche später, als der Mann mich eines Vormittags mitnahm, und wir liefen eine ganze Weile, bis wir bei einigen großen Zauntoren abbogen und eine ganz glatte Straße entlanggingen; schließlich standen wir vor einem großen Haus, das ganz allein inmitten einer Menge Land lag. Vor dem Haus war ein großer Rasen, und rundherum waren Felder und Bäume, und hinter dem Haus war ein großer Wald.

Der Mann läutete, und die Tür öffnete sich, und heraus kam ein alter Mann.

»Was ist?«, fragte er nicht gerade herzlich.

»Ich dachte, dass Sie vielleicht einen guten Wachhund kaufen wollen«, sagte der Mann.

»Das ist aber merkwürdig«, sagte der Hausmeister. »Ein seltsamer Zufall ist das. Das will ich nämlich gerade. Ich wollte schon los und versuchen, einen zu kaufen. Mein alter

Hund hat heute morgen irgendwas gefressen, was ihm nicht bekam, und ist gestorben – der alte Bursche.«

»Armer Kerl«, sagte der Mann. »Wahrscheinlich ein alter Knochen mit viel Phosphor.«

»Was wollen Sie für den da haben?«

»Fünf Shilling.«

»Ist er ein guter Wachhund?«

»Er ist ein großartiger Wachhund.«

»Wild genug sieht er aus.«

»Das kann man wohl behaupten.«

Also gab der Hausmeister dem Mann die fünf Shilling, und der Mann ging weg und ließ mich zurück.

Zuerst verhinderten die Neuheit meiner Umgebung und die ungewohnten Gerüche und das Kennenlernen des Hausmeisters, dass ich den Mann zu sehr vermisste; aber als der Tag verging und ich erkannte, dass der Mann gegangen war und nie mehr zurückkehren würde, wurde ich sehr deprimiert. Jammernd streifte ich durch das Haus. Es war ein sehr interessantes Haus, größer, als ich es bei einem Haus für möglich gehalten hatte, aber aufheitern konnte es mich nicht. Vielleicht finden Sie es merkwürdig, dass ich mich so nach dem Mann sehnte nach den vielen Prügeln, die ich von ihm bekommen hatte –, und wenn man darüber nachdenkt, ist es auch seltsam. Aber Hunde sind nun einmal Hunde, und sie sind eben so gebaut. Als es dann Abend wurde, war mir sehr elend. Ich fand in einem der Zimmer einen Schuh und eine alte Kleiderbürste, konnte jedoch nichts essen. Ich saß nur da und war ziemlich verzweifelt.

Es ist schon seltsam, aber allem Anschein nach kommt es immer wieder vor, dass irgendetwas Nettes passiert, wenn einem am elendesten ist. Als ich so dasaß, kam von draußen das Geräusch eines Motorrades, und irgendjemand rief.

Es war der liebe alte Fred, mein alter Freund! Fred, der Beste von allen, die jemals meinen Weg gekreuzt hatten. Seine Stimme erkannte ich sofort, und ich kratzte bereits an der Tür, bevor der alte Mann überhaupt Zeit hatte, von seinem Stuhl aufzustehen.

Ach Gott, ach Gott, war das eine freudige Überraschung! Fünfmal rannte ich, ohne anzuhalten, um den ganzen Rasen, und dann kam ich zurück und sprang an ihm hoch.

»Was machst du denn hier, Fred?«, sagte ich. »Ist dieser Hausmeister dein Vater? Hast du die Kaninchen im Wald gesehen? Wie lange willst du hierbleiben? Wie geht es Mutter? Mir gefällt es auf dem Lande. Kommst du direkt aus der Kneipe? Ich wohne jetzt hier. Dein Vater hat fünf Shilling für mich bezahlt. Das ist doppelt so viel, wie ich kostete, als ich dich zum letzten Mal sah.«

»Aber das ist doch der kleine Schwarze!« So hatten sie mich in der Gastwirtschaft immer genannt. »Was tust du denn hier? Wo hast du den Hund her, Vater?«

»Ein Mann hat ihn mir heute Vormittag verkauft. Der arme alte Bob ist vergiftet worden. Dieser hier soll ein genauso guter Wachhund sein. Laut genug bellt er.«

»Das ist er bestimmt. Seine Mutter ist der beste Wachhund in ganz London. Dieser Stinkköter gehörte früher dem Chef. Komisch, dass er plötzlich hier gelandet ist.«

Wir verschwanden im Haus und aßen zu Abend.

Und nach dem Abendbrot saßen wir noch zusammen und redeten. Fred war nur für diese eine Nacht gekommen, sagte er, weil der Chef ihn am nächsten Tag wieder brauchte.

»Und mein Posten ist mir erheblich lieber als deiner, Vater«, sagte er. »Wo es hier so einsam ist! Hast du gar keine Angst vor Einbrechern?«

»Ich habe meine Schrotflinte, und dann ist da noch der Hund. Ohne ihn hätte ich wahrscheinlich Angst, aber mit ihm zusammen macht es mir nichts aus. Beim alten Bob war es genauso. Auf dem Lande ist ein Hund immer eine große Beruhigung.«

»Gibt es hier eigentlich viele Landstreicher?«

»In den letzten beiden Monaten habe ich nur einen gesehen, und das war der Kerl, der mir diesen Hund verkauft hat.«

Da sie über den Mann sprachen, fragte ich Fred, ob er ihn kenne. Immerhin war es möglich, dass sie sich in der Kneipe kennengelernt hatten, als der Mann mich dem Chef abkaufte.

»Er würde dir gefallen«, sagte ich. »Ich wünschte, du hättest ihn kennengelernt.«

Beide sahen mich an.

»Warum knurrt er denn bloß?«, fragte Fred. »Glaubst du, er hat etwas gehört?«

Der alte Mann lachte.

»Der hat nicht geknurrt. Der redet bloß im Schlaf. Du bist nervös, Fred. Das kommt davon, wenn man in der Stadt wohnt.«

»Möglich. Tagsüber finde ich es hier ganz nett, aber nachts ist es mir nicht ganz geheuer. Es ist so still. Wie du das die ganze Zeit aushältst, begreife ich nicht. Zwei Nächte, und ich würde Gespenster sehen.«

Sein Vater lachte.

»Wenn dir so ist, Fred, nimm lieber die Flinte mit ins Bett. Ich brauche sie nicht unbedingt.«

»Das tue ich«, sagte Fred. »Und wenn du sechs hättest, würde ich alle sechs mitnehmen.«

Und danach gingen sie nach oben. Ich hatte in der Diele einen Korb, der Bob gehört hatte – dem Hund, der vergiftet worden war. Es war ein bequemer Korb; ich war jedoch so aufgeregt, Fred wieder begegnet zu sein, dass ich nicht schlafen konnte. Abgesehen davon roch es irgendwo nach Mäusen, und ich stand immer wieder auf, um endlich genau festzustellen, woher dieser Geruch kam.

Ich schnüffelte gerade an einer Stelle der Wand, als ich ein kratzendes Geräusch hörte. Zuerst dachte ich, es wäre die Maus, die irgendwo anders arbeitete; als ich jedoch genau hinhörte, stellte ich fest, dass das Geräusch vom Fenster kam. Irgendjemand machte sich von draußen daran zu schaffen.

Wäre ich Mutter gewesen, hätte ich losgetobt, dass das ganze Haus eingestürzt wäre; und hätte der Mann es mich nicht anders gelehrt, hätte ich es wohl auch getan. Ich hielt es zwar für unmöglich, dass es der Mann sein könnte, der zurückkam, denn er war einfach weggegangen und hatte nichts davon gesagt, dass er wiederkommen würde. Aber ich bellte nicht. Ich blieb stehen, wo ich war, und lauschte. Und gleich darauf ging das Fenster auf, und jemand kletterte herein.

Ich schnüffelte gründlich, und da wusste ich, dass es der Mann war.

Ich war so entzückt, dass ich mich einen Moment fast vergaß und vor Freude aufschrie; dann aber fiel mir noch rechtzeitig ein, wie schüchtern er war, und ich nahm mich zusammen. Aber ich rannte zu ihm und sprang ganz leise an ihm hoch, und er sagte, ich sollte mich hinlegen. Ich war etwas enttäuscht, dass er sich nur so wenig freute, mich wiederzusehen. Ich legte mich hin.

Es war sehr dunkel, aber er hatte eine Lampe mitgebracht, und ich konnte erkennen, wie er sich durch das Zimmer bewegte, verschiedene Sachen nahm und alles in einen Sack steckte, den er mitgebracht hatte. Ab und zu blieb er stehen und lauschte, und dann machte er weiter. Er war dabei sehr schnell und sehr leise. Es war klar, dass er nicht den Wunsch hatte, die Bekanntschaft von Fred oder Freds Vater zu machen.

Ich machte mir über diese Besonderheit Gedanken, während ich ihn beobachtete. Da ich selbst liebenswürdig bin, fällt es mir wahrscheinlich schwer zu begreifen, dass nicht jeder auf dieser Welt ebenso liebenswürdig ist. Natürlich hatten meine Erfahrungen in der Kneipe mich gelehrt, dass Menschen untereinander genauso unterschiedlich sind wie Hunde. Wenn ich zum Beispiel auf dem Schuh des Herrn kaute, versetzte er mir einen Tritt; wenn ich jedoch auf Freds Schuh kaute, kraulte Fred mich hinter dem Ohr. Und in ähnlicher Weise sind manche Menschen schüchtern und manche Menschen gesellig. Das erkenne ich uneingeschränkt an; aber trotzdem wurde ich das Gefühl nicht los, dass die Schüchternheit dieses Mannes einen Punkt erreicht hatte, an dem sie schon krankhaft war. Und er weigerte sich, etwas dagegen zu tun. Das war der springende Punkt. Wenn man sich vorstellt, dass ein Mann es hasst, anderen Leuten zu begegnen, so dass er deren Häuser nur mitten in der Nacht aufsucht, wenn sie im Bett sind und schlafen! Albern war das. Schüchternheit war schon immer etwas, das meinem ganzen Wesen fernlag, so dass ich wahrscheinlich nie richtig in der Lage bin, dafür Verständnis zu zeigen. Ich habe immer die Ansicht vertreten, dass man sie überwinden kann, wenn man sich nur bemüht. Bei dem Mann lag die Schwierigkeit darin, dass er sich diese Mühe gar nicht machen wollte. Er schlug Nebenwege ein, um niemandem zu begegnen.

Ich mochte den Mann. Er gehörte zu denjenigen, die man nie genau kennenlernt; aber wir waren eine ganze Zeit zusammen gewesen, und ich wäre kein Hund, wenn ich mich ihm nicht verbunden gefühlt hätte.

Als ich so dasaß und beobachtete, wie er durch das Zimmer schlich, kam mir plötzlich der Gedanke, dass dies vielleicht eine Gelegenheit wäre, ihm auch gegen seinen Willen etwas Gutes anzutun. Fred war oben, und wie ich aus Erfahrung wusste, gehörte Fred zu den Menschen, mit denen man sich ausgezeichnet verträgt. Fred gegenüber konnte man nicht schüchtern bleiben. Ich hatte das Gefühl, dass die beiden, wenn man sie zusammenbrächte, großartig miteinander auskommen würden, und das wiederum würde dem Mann beweisen, wie albern es war, dass er den Menschen auswich. Es würde ihm zu jener Zuversicht verhelfen, die er brauchte. Ich hatte ihn mit Bill zusammen erlebt und wusste, dass er völlig natürlich und umgänglich sein konnte, wenn er nur wollte.

Möglich, dass der Mann sich zuerst wehren würde, aber nach einiger Zeit würde er bestimmt erkennen, dass ich es allein zu seinem eigenen Nutzen getan hatte, und mir dafür dankbar sein.

Die Schwierigkeit war nur, wie ich Fred herunterholen konnte, ohne den Mann zu verängstigen. Ich wusste, dass er keinen Augenblick länger warten würde, wenn ich Fred riefe, sondern durch das Fenster verschwände und weg wäre, bevor Fred hier sein könnte. Folglich blieb mir nur übrig, zu Fred hinaufzugehen, ihm die ganze Situation leise zu erklären und ihn zu bitten, nach unten zu kommen und nett zu sein.

Der Mann war viel zu beschäftigt, um auf mich zu achten. Er kniete gerade in einer Ecke, hatte mir den Rücken zugewandt und steckte irgendetwas in seinen Sack. Ich ergriff die Gelegenheit und stahl mich leise aus dem Zimmer.

Freds Tür war geschlossen, und ich hörte, wie er schnarchte. Leise kratzte ich, dann lauter, bis ich hörte, wie das Schnarchen verstummte. Er stieg aus dem Bett und öffnete die Tür.

»Mach keinen Lärm!«, flüsterte ich. »Komm schnell nach unten. Ich möchte gern, dass du einen Freund von mir kennenlernst.«

Zuerst war er ziemlich mürrisch.

»Was soll denn das«, sagte er, »einfach herzukommen und den Schönheitsschlaf eines Mannes zu stören? Raus mit dir!«

Er wollte tatsächlich wieder in seinem Zimmer verschwinden.

»Ehrenwort, Fred«, sagte ich. »Ich will dich nicht anführen. Unten ist wirklich ein Mann. Er ist durch das Fenster gekommen. Und ich möchte, dass du ihn kennenlernst. Er ist sehr schüchtern, und vielleicht tut es ihm gut, wenn du dich mit ihm unterhältst.«

»Was soll denn das Gefiepe?«, sagte Fred, und dann war er plötzlich stumm und lauschte. Wir beide hörten genau die Schritte des Mannes, der unten umherging.

Mit einem Satz war Fred in seinem Zimmer. Als er wieder herauskam, hatte er irgendetwas bei sich. Er sagte nichts mehr, sondern ging sofort nach unten, ganz leise, und ich hinter ihm her.

Und da stand der Mann und steckte immer noch irgendwelche Sachen in den Sack. Gerade wollte ich ihm Fred vorstellen, als Fred, dieser Esel, einen gellenden Schrei ausstieß.

Beißen hätte ich ihn können.

»Was soll denn das, du Idiot?«, sagte ich. »Ich habe dir doch erzählt, dass er schüchtern ist. Jetzt hast du ihn verscheucht.«

Und das hatte er tatsächlich. Der Mann war schneller aus dem Fenster, als man es für möglich gehalten hätte. Er flog richtig hinaus. Ich rief ihm noch nach, dass es doch nur Fred und ich wären, aber in diesem Moment ging die Flinte mit einem gewaltigen Krach los, so dass er mich nicht mehr verstehen konnte.

Ich war darüber ziemlich ärgerlich. Die ganze Geschichte war danebengegangen. Fred schien völlig den Kopf verloren zu haben. Benehmen tat er sich wie ein richtiger Esel. Natürlich hatte der Mann es mit der Angst bekommen, wenn man auf diese Weise mit ihm umging. Ich sprang aus dem Fenster, um zu sehen, ob ich den Mann finden und ihm alles erklären könnte, aber er war verschwunden. Fred sprang hinter mir her und wäre fast auf mir gelandet.

Draußen war es stockdunkel. Ich konnte nichts erkennen. Aber ich wusste, dass der Mann nicht weit gekommen sein konnte, weil ich ihn sonst gehört hätte. Ich fing an, überall herumzuschnüffeln, um dadurch vielleicht seine Spur zu finden. Und es dauerte auch nicht lange, bis ich sie entdeckt hatte.

Freds Vater kam jetzt ebenfalls nach unten, und die beiden rannten hin und her. Der alte Mann hatte eine Lampe. Ich folgte der Spur, die an einer großen Zeder aufhörte – gar nicht weit vom Haus entfernt. Ich blieb unter dem Baum stehen und blickte nach oben, konnte aber natürlich nichts sehen.

»Bist du da oben?«, rief ich. »Du brauchst keine Angst zu haben. Es war doch bloß Fred. Er ist ein alter Freund von mir. Er arbeitet da, wo du mich gekauft hast. Seine Flinte ging bloß zufällig los. Er tut dir nichts.«

Zu hören war nichts. Ich dachte schon, ich hätte mich geirrt.

»Er ist weg«, hörte ich Fred zu seinem Vater sagen, und im selben Moment hörte ich ein ganz leises Geräusch, als hätte sich jemand in den Ästen über mir bewegt.

»Nein – er ist nicht weg!«, schrie ich. »Er sitzt hier auf diesem Baum!«

»Ich glaube, der Hund hat ihn gefunden, Vater!«

»Ja, hier oben ist er. Komm her, damit du ihn kennenlernst.«

Fred trat an den Stamm des Baumes.

»Sie da oben«, sagte er, »kommen Sie runter.«

Kein Laut im Baum

»Es stimmt schon«, erklärte ich. »Er ist da oben. Aber er ist so schüchtern. Sag es noch mal.«

»Wie Sie wollen«, sagte Fred. »Bleiben Sie oben, wenn es Ihnen Spaß macht. Aber dann werde ich – nur aus Spaß – mit dieser Flinte einen Schuss in die Baumkrone abgeben.«

Und dann fing der Mann an herunterzukommen.

Sobald er den Boden berührt hatte, sprang ich an ihm hoch.

»Das ist schön!«, sagte ich. »Das da ist mein Freund Fred. Er wird dir ganz bestimmt gefallen.«

Aber es hatte keinen Sinn. Sie verstanden sich überhaupt nicht. Sie redeten kaum miteinander. Der Mann ging zum Haus zurück, und Fred ging hinter ihm her, die Flinte im Arm. Und als sie im Hause waren, wurde es auch nicht besser. Der Mann saß auf einem Stuhl, und Fred saß auf einem anderen, und nach langer Zeit erschienen einige Männer in einem Auto, und der Mann ging mit ihnen weg. Nicht einmal verabschieden tat er sich von mir.

Als er gegangen war, machten Fred und sein Vater meinetwegen viel Getue. Begreifen konnte ich es nicht. Die Menschen sind manchmal schon sehr merkwürdig. Der Mann hatte sich gar nicht gefreut, dass ich ihn mit Fred zusammengebracht hatte, während Fred so tat, als könnte er mir gar nicht dankbar genug dafür sein, dass ich ihn mit dem Mann bekannt gemacht hatte. Jedenfalls brachte Freds Vater dann kalten Schinken, mein Lieblingsessen, und gab mir davon eine ganze Portion, so dass ich aufhörte, mir weiterhin Gedanken über die Geschichte zu machen. Wie Mutter zu sagen pflegte: »Kümmere dich nicht um Dinge, die dich nichts angehen. Das Einzige, was einen Hund interessiert, ist die Belohnung. Iss deinen Keks und kümmere dich nicht um die Angelegenheiten anderer Leute.«

In gewisser Weise waren Mutters Ansichten zwar beschränkt; sie besaß jedoch einen großen Vorrat an echtem gesundem Menschenverstand.

High Society

Es war einer jener Fälle, an denen genau genommen niemand schuld hat. Weder war es die Schuld des Chauffeurs, noch war es meine. Ich hatte auf dem Bürgersteig einen freundschaftlichen Streit mit einem meiner Freunde; er rannte über die Straße, ich hinter ihm her, und der Wagen bog um die Ecke und erwischte mich. Er musste ziemlich langsam gefahren sein, denn sonst wäre ich tot gewesen. Sie wissen sicher, wie einem zumute ist, wenn der Metzger einen erwischt, obgleich man mit dem Stückchen Fleisch schon fast zur Tür hinaus ist. Genauso war es.

Eine Weile interessierte mich meine Umgebung nicht allzu sehr; als sie es dann jedoch wieder tat, merkte ich, dass ich den Mittelpunkt einer dreiköpfigen Menschengruppe bildete. Es waren der Chauffeur, ein kleiner Junge und das Kindermädchen des kleinen Jungen.

Der kleine Junge war sehr hübsch angezogen und sah zart aus. Er weinte.

»Armes Hündchen«, sagte er, »armes Hündchen.«

»Meine Schuld war es nicht, Master Peter«, sagte der Chauffeur respektvoll. »Er rannte auf die Fahrbahn, ehe ich ihn sehen konnte.«

»Das stimmt«, schaltete ich mich ein, damit der Mann keine Schwierigkeiten bekäme.

»Oh, er ist gar nicht tot«, sagte der kleine Junge. »Er bellt.«

»Er knurrt«, sagte das Kindermädchen. »Komm, Master Peter. Sonst beißt er noch.«

Frauen fallen einem manchmal auf die Nerven; es ist fast, als wollten sie einen mit Absicht missverstehen.

»Ich komme nicht. Ich nehme ihn mit nach Hause und lasse den Doktor kommen und ihn untersuchen. Das ist jetzt mein Hund.«

Das klang nicht schlecht. Der Himmel weiß, dass ich kein Snob bin und, wenn es nötig ist, auch ungehobelt sein kann; aber ich habe es nun einmal gern behaglich, wenn es sich machen lässt, und ich hatte den Eindruck, dass ich hier wieder einmal an der richtigen Stelle war. Außerdem mochte ich den Jungen. Er war von der richtigen Sorte.

Das Kindermädchen, eine sehr unerfreuliche Person, hatte Einwände zu erheben.

»Aber Master Peter! Du kannst ihn unmöglich mit nach Hause nehmen – diesen großen unerzogenen, wilden, vulgären Hund! Was würde wohl deine Mutter dazu sagen!«

»Ich nehme ihn mit nach Hause«, wiederholte das Kind mit einer Entschlossenheit, die ich von Herzen bewunderte, »und er ist jetzt mein Hund. Ich werde ihn Fido nennen.«

Alle guten Dinge haben immer einen Haken. Fido ist ein Name, den ich besonders verabscheue. Das tun alle Hunde. Ich kannte einmal einen Hund dieses Namens, der immer schrecklich wütend wurde, wenn wir diesen Namen auf der Straße hinter ihm her riefen. Zweifellos hat es auch respektable Hunde gegeben, die Fido genannt wurden, aber meiner Ansicht nach ist es ein Name wie etwa Anton oder Klärchen.

Manchmal gelingt es einem zwar, ihn in Vergessenheit geraten zu lassen, aber gerade zu Anfang bildet er doch ein Hemmnis. Aber manchmal kann man das eine nicht ohne das andere haben, und so war ich bereit, in diesem Punkt nachzugeben.

»Wenn du dich geduldest, Master Peter, wird dein Vater dir bestimmt einen wunderhübschen süßen Hund kaufen … «

»Ich will keinen wunderhübschen süßen Hund. Ich will diesen Hund haben.«

Der Vergleich verletzte mich nicht. Hinsichtlich meines Aussehens habe ich keine Illusionen. Ich habe, wenn auch kein »wunderhübsches«, so doch ein ehrliches Gesicht.

»Es hat keinen Sinn, jetzt darüber zu reden«, sagte der Chauffeur grinsend. »Er will ihn mitnehmen. Legen wir ihn also in den Wagen, damit wir nach Hause kommen und keiner auf den Gedanken verfällt, der Grünschnabel sei entführt worden.«

Also wurde ich zum Wagen getragen. Ich hätte auch gehen können, aber irgendwie fand ich es besser, es nicht zu tun. Als verkrüppelter Hund hatte ich meinen ersten Erfolg gehabt, und verkrüppelt wollte ich nun bleiben, bis die Dinge sich etwas mehr beruhigt hatten.

Der Chauffeur ließ den Motor anspringen und fuhr los. Auf Grund des Schocks, den ich erlitten hatte, und des Luxus, in einem Kraftfahrzeug zu fahren, war ich ein bisschen zerstreut, und so kann ich nicht sagen, wie weit wir fuhren. Aber es müssen unzählige Meilen gewesen sein, denn ich hatte den Eindruck, dass wir erst nach sehr, sehr langer

Zeit wieder anhielten, und zwar vor dem größten Haus, das ich jemals gesehen habe. Ich erkannte glatte Rasenflächen und Blumenbeete, und Männer in Overalls und Springbrunnen und Bäume, und dazu hinten rechts Hundezwinger, in denen eine Million Hunde saßen, und alle pressten ihre Nasen durch das Gitter und lärmten. Alle wollten wissen, wer ich wäre und welche Preise ich gewonnen hätte, und da erst merkte ich, dass ich mich in der High Society befand.

Ich ließ mich von dem kleinen Jungen aufheben und in das Haus tragen, obgleich es ihm nicht leicht fiel, dem Armen, da ich ziemlich schwer bin. Er stolperte die Treppe hinauf und durch die große Halle, und dann ließ er mich auf den Teppich des schönsten Zimmers fallen, das man sich vorstellen kann. Der Teppich war einen Meter dick.

In einem Sessel saß eine Frau, und kaum hatte sie mich erblickt, als sie auch schon einen Schrei ausstieß.

»Ich habe Master Peter bereits gesagt, dass Sie nicht erfreut sein würden, M'lady«, sagte das Kindermädchen, das eine deutliche Abneigung mir gegenüber zu haben schien. »Aber er wollte das gefährliche Tier unbedingt mitnehmen.«

»Es ist kein gefährliches Tier, Mutter. Es ist mein Hund, und heißen tut er Fido. John hat ihn mit dem Wagen überfahren, und ich habe ihn mitgebracht, damit er bei uns wohnen kann. Ich habe ihn lieb.«

Dies schien einen gewissen Eindruck zu hinterlassen. Peters Mutter sah aus, als wachte sie langsam auf.

»Aber Peter, Liebling, ich weiß gar nicht, was dein Vater dazu sagen wird. Mit Hunden ist er so heikel. Alle seine Hunde haben Preise gewonnen und einen langen Stammbaum. Der da ist so ein Bastard.«

»Ein schmutziger, unerzogener, ordinärer Hund, M'lady«, machte sich das Kindermädchen auf absolut unerwünschte Weise bemerkbar.

In diesem Augenblick kam ein Mann herein. »Ach, du lieber Himmel!«, sagte er, als er mich erblickte.

»Das ist ein Hund, den Peter nach Hause mitgebracht hat. Er meint, er wolle ihn behalten.«

»Und ich behalte ihn auch!«, berichtigte Peter fest entschlossen.

Ich mag Kinder, die wissen, was sie wollen. Von Minute zu Minute wuchs meine Zuneigung zu Peter. Ich hob den Kopf und leckte seine Hand.

»Hast du gesehen? Er weiß schon, dass er mir gehört – nicht, Fido? Er hat mich geleckt.«

»Aber Peter, er sieht doch so böse aus.«

Unglücklicherweise stimmt es. Ich sehe tatsächlich böse aus. Für einen vollkommen friedfertigen Hund ist das ein großes Missgeschick.

»Und ich weiß wirklich nicht, ob es nicht gefährlich ist, wenn du ihn behältst.«

»Der Hund gehört mir, und heißen tut er Fido. Ich werde dem Koch Bescheid sagen, dass er ihm einen Knochen gibt.«

Seine Mutter sah seinen Vater an, der ziemlich gehässig auflachte.

»Meine liebe Helen«, sagte er, »seit Peter geboren wurde, also seit zehn Jahren, hat er sich, soweit ich mich erinnern kann, nichts gewünscht, was er nicht auch bekommen hätte. Bleiben wir also konsequent. Ich billige diese Karikatur eines Hundes zwar auch nicht, aber wenn Peter ihn behalten will, müssen wir es wohl erlauben.«

»Meinetwegen. Aber sobald er irgendein Anzeichen von Bösartigkeit zeigt, wird er erschossen. Er macht mich ganz nervös.«

Dabei blieb es, und ich ging mit Peter hinaus, um meinen Knochen abzuholen.

Nach dem Mittagessen nahm er mich mit zu den Zwingern, um mich den anderen Hunden vorzustellen. Ich musste mitgehen, obgleich ich schon vorher wusste, dass es nicht erfreulich sein würde; und so kam es auch. Jeder Hund kann Ihnen erzählen, was mit diesen preisgekrönten Hunden los ist. Es ist ihnen so zu Kopf gestiegen, dass sie ihre Hundehütten nur rückwärts betreten können.

Es war ganz genau so, wie ich es erwartet hatte. Da waren Bulldoggen, Terrier, Pudel, Spaniels, Bullterrier, Schäferhunde und jede Art von Hunden, die man sich nur vorstellen kann – alle in Hunderten von Hundeschauen preisgekrönt, und jeder dieser Hunde, einer wie der andere, warf den Kopf zurück und lachte sich krank. In meinem ganzen Leben bin ich mir noch nicht so klein vorgekommen, und deshalb war ich froh, als es vorüber war und Peter mit mir zu den Ställen weiterging.

Ich hatte gerade das Gefühl, nie mehr einen anderen Hund sehen zu wollen, als ein Terrier laut bellend herausgerannt kam. Sobald er mich entdeckt hatte, kam er fragend näher, wobei er ganz steifbeinig ging, wie ein Terrier es nun einmal tut, wenn er einen Fremden sieht.

»Na, und du?«, sagte ich. »Zu welcher sonderbaren preisgekrönten Rasse gehörst du? Erzähl doch mal von den vielen Bändchen und Schleifchen, die sie dir im Kristallpalast angehängt haben, damit wir darüber nicht mehr zu reden brauchen.«

Er lachte in einer Art und Weise, die mir richtig gut tat.

»Dreimal darfst du raten!«, sagte er. »Hast du mich etwa für einen dieser Verrückten in den Zwingern gehalten? Ich heiße Jack und gehöre einem der Reitknechte.«

»Was!«, schrie ich. »Du bist kein königlicher Krummbeinchampion? Ich freue mich, dich kennenzulernen.«

Wir rieben unsere Nasen so freundschaftlich aneinander, wie es überhaupt möglich ist. Ein Hochgenuss war es, endlich einem Gleichgesinnten zu begegnen. Von diesen aufgeblasenen Hunden hatte ich genug, die einen ansehen, als wäre man etwas, das die Müllleute übersehen haben.

»Bei den Angebern bist du also schon gewesen, was?«, sagte Jack.

»Er hat mich mitgenommen«, sagte ich und deutete auf Peter.

»Ach, dann bist du wohl sein neuester, was? Dann wird es dir auch gut gehen – wenigstens solange es dauert.«

»Was soll das heißen: solange es dauert?«

»Naja, dann will ich dir mal erzählen, was mit mir passiert ist. Der kleine Peter war ganz verrückt nach mir. Konnte eine Weile gar nicht genug für mich tun. Dann langweilte ich ihn auf einmal, und weg war ich. Die Schwierigkeit ist nämlich die, dass er wirklich ein gutes Kind ist und dass er immer alles bekommen hat, was er sich wünscht, und dass er alles ziemlich schnell langweilig findet. Was mich fertiggemacht hat, war eine Spielzeugeisenbahn. Kaum hatte er sie gekriegt, da hätte ich gar nicht mehr auf dieser Erde zu sein brauchen. Ich hatte bloß das Glück, dass Dick, mein gegenwärtiger Alter, zufällig einen Hund suchte, um die Ratten in Schach zu halten; der Himmel weiß, was sonst mit mir passiert wäre. Auf Hunde ist man hier nur scharf, wenn sie so viele Preise eingeheimst haben, dass ein Dampfer davon untergeht. Und Mischlinge wie du und ich – bitte, keine Beleidigung – sind hier nicht von Dauer. Wahrscheinlich hast du selbst gemerkt, dass die Erwachsenen nicht sehr begeistert waren, als du hier aufgetaucht bist?«

»Liebenswürdig waren sie nicht gerade.«

»Dann lass dir von mir sagen, dass deine einzige Chance darin besteht, sie freundlich zu stimmen. Wenn du irgendetwas tust, was sie freut, lassen sie dich vielleicht noch bleiben, auch wenn du Peter lästig geworden bist.«

»Aber was denn?«

»Das musst du dir selbst ausdenken. Ich habe nichts gefunden. Aber wie wäre es, wenn du Peter vor dem Ertrinken retten würdest? Dazu braucht man keinen Stammbaum. Andererseits kannst du das Kind auch nicht einfach zum See schleppen und hineinstoßen. Das ist dabei die Schwierigkeit. Als Hund hat man so wenig Möglichkeiten. Aber das lass dir gesagt sein: Wenn dir binnen zwei Wochen nichts einfällt, was dir bei den Erwachsenen weiterhilft, kannst du dein Testament machen. In zwei Wochen bist du bei Peter in Vergessenheit geraten. Er kann nichts dafür. Es liegt an seiner Erziehung. Sein Vater hat enorm viel Geld, und Peter ist das einzige Kind. Ich sage bloß: Pass auf dich auf. Jedenfalls habe ich mich gefreut, dich kennenzulernen. Komm mal wieder vorbei, wenn du kannst. Ich könnte dir ein paar fette Ratten besorgen, und ein paar Knochen habe ich auch auf die Seite gelegt. Also bis später.«

Es machte mich schrecklich traurig, was Jack gesagt hatte. Ich musste dauernd daran denken. Und wäre das nicht gewesen, hätte ich es großartig gehabt, denn Peter machte tatsächlich viel Getue um mich. Er behandelte mich, als wäre ich der einzige Freund, den er hatte.

Und in gewisser Weise war ich es auch. Wenn man der einzige Sohn eines Mannes ist, der unheimlich viel Geld hat, darf man anscheinend kein normales Kind sein. Dauernd wird man eingesperrt, als wäre man etwas ganz Kostbares, das durch den Kontakt mit anderen Kindern verdorben wird. In der ganzen Zeit, die ich dort war, hat Peter kein anderes Kind kennengelernt. Peter hatte alles, was man sich nur vorstellen kann, nur kein Kind in seinem Alter, mit dem er herumtoben konnte; und das machte ihn ganz anders als die anderen Kinder, die ich kannte.

Er redete gern mit mir. Ich war der Einzige in der Familie, der ihn wirklich verstand. Stundenlang redete er mit mir, und ich hörte ihm mit heraushängender Zunge zu und nickte dann und wann.

Es lohnte sich auch, dem zuzuhören, was er erzählte. Manchmal waren es höchst überraschende Dinge. So hatte ich zum Beispiel noch nicht gewusst, dass in England richtige Indianer lebten; Peter aber erzählte, ihr Häuptling hieße Große Wolke und wohnte in den Rhododendronbüschen unten am See. Gefunden habe ich ihn allerdings nicht, als ich sie eines Tages sorgfältig durchstöberte. Er sagte auch, dass auf der Insel im See Piraten lebten. Gesehen habe ich sie jedoch auch nicht.

Wovon er mir am liebsten erzählte, war allerdings die Stadt aus Gold und Edelsteinen, zu der man kam, wenn man hinter den Ställen entlang durch den Wald lief. Eigentlich wollte er irgendwann dorthin, und nach allem, wie er sie geschildert hatte, fand ich es auch ganz richtig. Für Hunde wäre es dort auch schön, sagte er; für sie gäbe es dort Knochen und Leber und Kekse und alles, was ein Hund sich nur wünschen könnte. Wenn ich ihm zuhörte, lief mir immer das Wasser im Munde zusammen.

Wir waren nie getrennt. Den ganzen Tag war ich mit ihm zusammen, und nachts schlief ich in seinem Zimmer auf der Matte. Aber ständig musste ich an das denken, was Jack gesagt hatte. Ein einziges Mal hätte ich es zwar beinahe vergessen, weil ich glaubte, ich wäre für Peter so unentbehrlich geworden, dass nichts uns mehr trennen könnte; aber gerade als ich mich so sicher fühlte, bekam er von seinem Vater ein Flugzeug zum Spielen geschenkt, das richtig flog, wenn man es aufzog. An dem Tag, an dem er es bekam, hätte ich von ihm aus vom Erdboden verschwinden können. Ich ließ den Schwanz hängen, aber nicht ein einziges Wort sagte er zu mir.

Naja, und am zweiten Tag ging am Flugzeug irgendetwas kaputt, und es wollte nicht mehr fliegen, und da war ich wieder an der Reihe. Aber ich hatte inzwischen angestrengt nachgedacht und wusste, wie ungewiss mein Schicksal war. Ich war sein neuestes Spielzeug, mehr nicht, und irgendwann konnte ein noch neueres auftauchen, und das war das Ende für mich. Das Einzige, was zu tun mir übrigblieb, war, die Erwachsenen irgendwie zu beeindrucken – genau das also, was Jack mir geraten hatte.

Der Himmel weiß, dass ich es versuchte. Alles geriet daneben. Ein Verhängnis schien darüber zu schweben. Eines Morgens zum Beispiel trottete ich schon früh um das Haus und begegnete einem, bei dem ich jeden Eid geleistet hätte, dass es ein Einbrecher wäre. Zur Familie gehörte er nicht, zum Personal auch nicht, und auf höchst verdächtige Weise lungerte er in der Nähe des Hauses herum. Ich jagte ihn auf einen Baum, und erst als die Familie zum Frühstück herunterkam – zwei Stunden später –, stellte ich fest, dass es ein Gast war, der nachts eingetroffen und zeitig aufgestanden war, um die frische Morgenluft und den Anblick der Sonne zu genießen, die auf den See schien. So ein Mensch war das. Aber helfen tat es mir nicht viel.

Als Nächstes geriet ich mit dem Boss, Peters Vater, aneinander. Warum, weiß ich eigentlich nicht. Ich traf ihn draußen im Park, zusammen mit einem anderen Mann, und beide trugen ein ganzes Bündel Stöcke und machten sehr ernste und gefasste Gesichter. Ich hatte den Boss erreicht, als er einen Stock schwenkte und einen kleinen weißen Ball damit traf. Bisher hatte er nie den Eindruck gemacht, als wollte er mit mir spielen, und deswegen nahm ich dies als großes Kompliment. Ich raste also hinter dem Ball her, den er ziemlich weit geschlagen hatte, packte ihn mit den Zähnen und brachte ihn zurück. Ich legte ihn vor seine Füße und lächelte zu ihm hoch.

»Noch mal«, sagte ich.

Aber er war gar nicht erfreut. Er sagte alles Mögliche und versuchte, mir einen Tritt zu geben, und am selben Abend, als er glaubte, ich hörte nicht hin, sagte er zu seiner Frau, dass ich eine wahre Pest wäre und weggeschafft werden müsste. Das stimmte mich nachdenklich.

Und dann brachte ich das Fass zum Überlaufen.

Mit den besten Absichten der Welt geriet ich in eine derartige Klemme, dass ich schon glaubte, mein Ende wäre gekommen.

Passieren tat es eines Nachmittags im Wohnzimmer. Besuch war gekommen – Frauen! Und Frauen scheinen für mich verhängnisvoll zu sein. Ich hielt mich im Hintergrund und versuchte unsichtbar zu bleiben, denn obgleich Peter mich mitgebracht hatte, sah die Familie es nie gern, wenn ich das Wohnzimmer betrat. Ich hoffte auf ein Stückchen Kuchen und achtete nicht so sehr auf die Unterhaltung, bei der es um jemanden namens Toto ging, den ich noch nicht kannte. Peters Mutter sagte, Toto wäre ein lieber kleiner Schatz – wirklich. Und eine der Besucherinnen sagte, Toto wäre den ganzen Tag so verändert gewesen, und sie machte sich wirklich Gedanken. Und dann noch eine ganze Menge mehr, dass Toto zum Beispiel mittags immer nur ein bisschen weißes Hühnerfleisch äße, ganz klein gehackt. Es war nicht sehr interessant, und ich ließ meine Gedanken schweifen.

Und was erblickte ich ausgerechnet in dem Augenblick, als ich hinter meinem Sessel hervorlugte, ob es nicht vielleicht ein Stückchen Kuchen gäbe? Eine dicke scheußliche Ratte! Sie stand genau neben der Besucherin – und stellen Sie sich vor: Sie soff Milch aus einer Untertasse!

Ich habe meine Fehler, aber Zaudern angesichts einer Ratte gehört wirklich nicht dazu. Nicht eine Sekunde zögerte ich. Das endlich war meine Chance! Wenn es überhaupt etwas gibt, was Frauen hassen, dann sind es Ratten. Mutter pflegte immer zu sagen: »Wenn du im Leben Erfolg haben willst, gefalle den Frauen. Sie sind die eigentlichen

Bosse. Männer zählen nicht.« Durch Beseitigung dieser abscheulichen Ratte würde ich den Dank und die Achtung von Peters Mutter erringen, und hatte ich das erreicht, war es egal, was Peters Vater von mir hielt.

Ich machte einen Satz.

Die Ratte hatte gar keine Möglichkeit des Entkommens. Ich erwischte sie sofort. Ich packte sie im Genick, schüttelte sie einige Male und schleuderte sie durch das ganze Zimmer. Dann rannte ich hinterher, um ihr den Garaus zu machen.

Und gerade als ich sie eingeholt hatte, setzte sie sich hin und – bellte mich an. In meinem ganzen Leben war ich noch nie so erschrocken. Ich bremste und starrte sie an. »Da muss ich allerdings sehr um Verzeihung bitten, Sir«, leistete ich Abbitte. »Ich dachte, Sie seien eine Ratte.«

Und dann brach der Sturm los.

Irgendjemand packte mich am Halsband, ein anderer drosch mit einem Sonnenschirm auf meinen Kopf, und irgendwer versetzte mir einen Tritt zwischen die Rippen. Alle redeten und schrien gleichzeitig.

»Mein armer Toto, mein Liebling!«, kreischte die Besucherin und griff nach dem winzigen Tier. »Hat diese große wilde Bestie wirklich versucht, dich zu ermorden!«

»Und vollkommen ohne Grund!«

»Einfach auf dieses arme Ding loszustürzen!«

Es hatte keinen Sinn, irgendetwas erklären zu wollen. Jeder Hund an meiner Stelle hätte denselben Fehler begangen. Das Wesen war ein Spielzeughund aus einer dieser ungewöhnlichen Züchtungen, preisgekrönt und Champion, natürlich, und sein Gewicht in reinem Gold wert. Ich wäre besser davongekommen, hätte ich nicht Toto, sondern die

Besitzerin gebissen. So viel hörte ich aus der allgemeinen Unterhaltung doch heraus, und da ich feststellte, dass die Tür geschlossen war, verschwand ich unter dem Sofa. Ich war völlig durcheinander.

»Jetzt ist Schluss!«, sagte Peters Mutter. »Der Hund ist bösartig. Er muss sofort erschossen werden.«

Peter stieß zwar einen Schrei aus, aber diesmal konnte er den Entschluss um keinen Zentimeter ändern.

»Sei still, Peter«, sagte seine Mutter. »Es ist gefährlich für dich, diesen Hund zu besitzen. Vielleicht ist er tollwütig!«

Manche Frauen sind sehr unvernünftig.

Toto sagte natürlich keinen Ton, um zu erklären, wie der Irrtum entstanden war. Er saß vielmehr auf dem Schoß der Besucherin und schrie mir zu, was er alles mit mir angestellt haben würde, wenn man uns nicht getrennt hätte.

Irgendjemand griff vorsichtig unter das Sofa. Ich erkannte die Stiefel von Weeks, dem Butler. Wahrscheinlich hatten sie geklingelt, um ihn herbeizuholen, damit er mich hinausbrächte, und ich merkte genau, dass er es nicht gern tat. Weeks tat mir leid, denn er war mein Freund, und deshalb leckte ich ihm die Hand, was ihn sehr zu freuen schien.

»Ich habe ihn, Madam«, hörte ich ihn sagen.

»Bringen Sie ihn gleich in den Stall und binden Sie ihn fest, Weeks, und sagen Sie einem der Männer, er solle sein Gewehr holen und ihn erschießen. Er ist bösartig.«

Wenige Minuten später war ich in einem leeren Stall an die Futterkrippe angebunden.

Es war vorbei. Solange es dauerte, war es schön gewesen, aber jetzt hatte ich das Ende meines Lebensweges erreicht. Angst hatte ich, glaube ich, nicht; dafür übermannte mich das Gefühl. Ich hatte es so gut gemeint. Anscheinend führten gute Absichten auf dieser Welt zu nichts. Ich hatte alles versucht, um jedem eine Freude zu machen, und das also war das Ergebnis: in einem dunklen Stall angebunden und in Erwartung des Endes.

Draußen wurden die Schatten immer länger, und immer noch kam niemand. Ich begann zu überlegen, ob man mich vielleicht vergessen hätte, und trotz meiner Verfassung keimte in mir die leise Hoffnung, dass es vielleicht bedeutete, ich würde nun doch nicht erschossen. Vielleicht hatte Toto in allerletzter Stunde alles erklärt.

Und dann ertönten draußen Schritte, und die Hoffnung erstarb. Ich schloss die Augen.

Jemand legte seine Arme um meinen Hals, und meine Nase berührte eine warme Wange. Ich schlug die Augen wieder auf. Es war nicht der Mann mit dem Gewehr, der mich erschießen wollte. Es war Peter. Er keuchte schwer, und geweint hatte er auch.

»Ganz ruhig!«, flüsterte er.

Er fing an, den Strick aufzuknoten.

»Du musst ganz ruhig sein, oder man hört uns, und dann hält man uns an. Ich nehme dich jetzt mit in den Wald, und dann gehen wir immer weiter, bis wir zu der Stadt kommen, von der ich dir erzählt habe und die ganz aus Gold und Diamanten ist, und da bleiben wir für den Rest unseres Lebens, und keiner wird uns etwas tun können. Aber du musst ganz ruhig sein.«

Er ging zur Stalltür und schaute hinaus, und dann stieß er einen leisen Pfiff aus, damit ich ihm folgte. Und wir gingen los, um die Stadt zu suchen.

Der Wald war ziemlich weit weg: einen Abhang hinunter, auf dem hohes Gras stand, und dann über einen Fluss. Wir passten sehr auf, blieben immer im Schatten und rannten über die freien Flächen. Und gelegentlich blieben wir stehen und blickten zurück, aber zu sehen war niemand. Die Sonne ging langsam unter, und es wurde kühl und still.

Wir kamen zum Fluss und überquerten ihn auf einer kleinen Holzbrücke, und dann waren wir im Wald, wo niemand uns sehen konnte.

Ich war noch nie im Wald gewesen, und alles war für mich sehr neu und aufregend. Wir stießen auf Eichhörnchen und Kaninchen und Vögel, und es waren so viele, wie ich noch nie in meinem Leben gesehen hatte, und lauter kleine Dinger, die summten und schwirrten und mich an den Ohren kitzelten. Ich wollte losrennen und mir alles genau ansehen, aber Peter rief mich, und ich ging bei Fuß. Er wusste, wie wir gehen mussten, ich aber nicht, und deswegen ließ ich ihm den Vortritt.

Wir kamen nur sehr langsam weiter. Der Wald wurde immer dichter, je weiter wir gingen. Es gab Büsche, durch die man nur schwer hindurchkam, und lange Zweige, die mit Dornen bedeckt waren, so dass man an ihnen hängenblieb und sie einen ritzten, wenn man sich loszureißen versuchte. Und bald wurde es ganz dunkel – so dunkel, dass ich nichts mehr sehen konnte, nicht einmal Peter, obgleich er ganz nahe war. Wir gingen immer langsamer, und die Dunkelheit war voll von seltsamen Lauten.

Von Zeit zu Zeit blieb Peter stehen, und ich lief dann zu ihm und legte meine Schnauze in seine Hand. Zuerst streichelte er mich noch, aber dann tat er es nicht mehr, sondern ließ sich nur die Hand von mir lecken, als wäre es für ihn zu anstrengend, sie hochzuheben. Ich nehme an, dass er sehr müde wurde, denn er war noch ein sehr kleiner Junge und gar nicht kräftig, und wir waren schon sehr weit gelaufen.

Es schien immer dunkler zu werden. Ich konnte Peters Schritte hören, er schien zu schlurfen, während er sich durch die Büsche zwängte. Und dann, ganz plötzlich, setzte er sich völlig unvermittelt hin, und als ich herankam, hörte ich ihn weinen.

Wahrscheinlich gibt es eine ganze Menge Hunde, die gewusst hätten, was dabei zu tun war; aber mir fiel einfach nichts ein, nur dass ich meine Schnauze an seine Wange legte und winselte. Er legte seinen Arm um meinen Hals, und so blieben wir eine ganze Weile, ohne zu sprechen. Es schien ihn zu beruhigen, denn nach einiger Zeit hörte er auf zu weinen.

Ich behelligte ihn nicht mit irgendwelchen Fragen über die wunderbare Stadt oder wohin wir eigentlich gingen, denn er war so müde. Aber ich überlegte trotzdem, wie weit sie noch entfernt war. Von einer Stadt war weit und breit nichts zu sehen – kein noch so kleines Zeichen; um uns waren nichts als Dunkelheit und seltsame Geräusche und der Wind, der in den Bäumen sang. Neugierige kleine Tiere, wie ich sie noch nie gerochen hatte, kamen aus den Büschen gekrochen, um uns anzusehen. Ich hätte sie gern gejagt, aber Peters Arm lag um meinen Hals, und ich konnte ihn nicht allein lassen. Als aber etwas, das wie ein Kaninchen roch, so nahe kam, dass ich es mit der Pfote hätte berühren können, drehte ich den Kopf herum und schnappte danach. Und da verschwanden alle eilends wieder in den Büschen, und die Geräusche hörten auch auf.

Eine ganze Weile herrschte Stille. Dann schluckte Peter plötzlich schwer.

»Ich habe keine Angst«, sagte er. »Ich nicht!«

Ich schob meinen Kopf noch dichter an sein Gesicht. Wieder war es lange still.

»Ich tue einfach so, als wären wir von Räubern gefangen worden«, sagte Peter schließlich. »Hörst du auch zu? Drei waren es, große Männer mit Bärten, und sie schlichen hinter mir her und nahmen mich gefangen und haben mich hierher in ihr Lager geschleppt. Das hier ist ihr Lager. Der eine wurde Dick genannt, die anderen hießen Ted und Alfred. Sie hielten mich fest und schleppten mich durch den ganzen Wald bis hierher, und dann gingen sie weg und wollten bald wieder zurückkommen. Und während sie weg waren, hast du mich vermisst und bist auf meiner Spur durch den ganzen Wald gelaufen, bis du mich hier gefunden hast. Und dann sind die Räuber zurückgekommen, und sie haben nicht gewusst, dass du hier warst, und du bist ganz ruhig geblieben, bis Dick ganz dicht heran war, und dann bist du auf ihn losgegangen und hast ihn gebissen, und da ist er weggerannt. Und dann hast du Ted gebissen und hast auch Alfred gebissen, und sie sind auch weggerannt. Und so sind wir allein hiergeblieben, und mir konnte gar nichts passieren, weil du hier warst und auf mich aufgepasst hast. Und dann – und dann …«

Seine Stimme wurde immer leiser, und der Arm, den er um meinen Hals gelegt hatte, wurde schlaff, und an seinem Atem merkte ich, dass er eingeschlafen war. Sein Kopf lag auf meinem Rücken, aber ich rührte mich nicht. Ich bewegte mich nur ein bisschen und rückte etwas enger an ihn heran, damit er es möglichst bequem hatte, und dann schlief ich selbst auch ein.

Allzu gut schlief ich nicht. Die ganze Zeit hatte ich komische Träume, und dauernd glaubte ich, diese kleinen Tiere kämen aus den Büschen ganz dicht herangekrochen, so dass ich nach ihnen schnappen konnte, ohne Peter zu wecken.

Wenn ich einmal aufwache, bin ich sofort wach, aber nie war etwas los. Der Wind sang in den Bäumen, und die Büsche raschelten, und ganz weit weg quakten Frösche.

Und dann wachte ich wieder einmal auf und hatte das Gefühl, dass diesmal wirklich irgendetwas durch die Büsche schliche. Ich hob den Kopf, soweit es ging, und lauschte. Eine Weile passierte gar nichts, aber dann sah ich, genau vor mir, Lichter. Und ich hörte ein Geräusch, als trampelte jemand durch das Unterholz.

Ich hatte keine Zeit, lange zu überlegen, ob ich Peter dadurch wecken würde. Das hier war etwas Bestimmtes, um das man sich kümmern musste. Mit einem Satz war ich auf den Beinen und bellte laut. Peter rollte von meinem Rücken und wachte auf, und er blieb lauschend sitzen, während ich, die Vorderpfoten auf ihn gestellt, stehen blieb und die Männer anbellte. Sämtliche Rückenhaare waren bei mir gesträubt. Ich wusste nicht, wer da kam oder was sie wollten, aber so, wie ich die Sache ansah, war in diesem Wald zu dieser Nachtzeit einfach alles möglich, und sollte jemand herankommen und irgendetwas vorhaben, musste er mit mir rechnen.

Jemand rief: »Peter! Bist du da, Peter?«

In den Büschen krachte es, die Lichter kamen immer näher, und dann sagte jemand: »Hier ist er!« Und darauf folgte großes Geschrei. Ich blieb stehen, wo ich war – bereit, jeden Moment loszuspringen, falls es nötig sein sollte, denn auf einen Zufall wollte ich es nicht ankommen lassen.

»Wer seid ihr?«, rief ich. »Was wollt ihr?« Ein Lichtstrahl blendete meine Augen.

»Da ist auch der Hund!«

Jemand trat in das Licht, und ich sah, dass es der Boss war. Er sah ziemlich ängstlich und besorgt aus, und er hob Peter vom Boden hoch und drückte ihn fest an sich.

Peter war nur halbwach. Schläfrig sah er den Boss an und begann, von Räubern und Dick und Ted und Alfred zu erzählen, und zwar dasselbe wie mir. Nicht ein Ton war zu hören, bis er damit fertig war. Dann sprach der Boss.

»Kidnapper! Das hatte ich mir gedacht! Und der Hund hat sie verjagt!«

Zum ersten Mal während unserer Bekanntschaft streichelte er mich.

»Mein guter Alter!«, sagte er.

»Er gehört mir«, sagte Peter verschlafen, »und wird nicht erschossen.«

»Aber bestimmt nicht, mein Junge«, sagte der Boss. »Von nun an ist er unser Ehrengast. Er bekommt ein goldenes Halsband und kann sich zum Essen bestellen, was er will. Und jetzt wollen wir wieder nach Hause zurück. Es ist Zeit, dass du ins Bett kommst.«

Mutter pflegte immer zu sagen: »Wenn du ein guter Hund bist, wirst du glücklich sein; wenn nicht, wirst du es nicht sein.« Ich dagegen habe den Eindruck, dass auf dieser

Welt alles eine Angelegenheit des Glücks ist. Als ich tat, was ich konnte, um den Leuten eine Freude zu bereiten, wollten sie mich erschießen; als ich aber nichts tat und stattdessen sogar wegrannte, holten sie mich zurück und behandelten mich besser als den wertvollsten Preisträger in den Zwingern. Zuerst war es irritierend, aber eines Tages hörte ich, wie der Boss mit einem Freund sprach, der aus der Stadt gekommen war.

Der Freund sah mich an und sagte: »Was für ein hässlicher Bastard! Wozu, um Himmels willen, hast du den denn hier? Ich dachte, mit Hunden wärst du besonders heikel?«

Und der Boss erwiderte: »Soll er ruhig ein Bastard sein, aber er kann in diesem Hause haben, was er will. Hast du denn nicht gehört, wie er Peter vor Kidnappern gerettet hat?«

Und dann folgte die ganze Geschichte mit den Räubern.

»Das Kind nennt sie immer Räuber«, sagte der Boss. »Ich nehme an, dass man in diesem Alter eben diesen Eindruck hat. Aber Peter sprach immer wieder von einem Dick, und das brachte die Polizei auf eine bestimmte Spur. Anscheinend gibt es hier einen Kidnapper, der der Polizei im ganzen Land als *Dick the Snatcher* bekannt ist. Beinahe mit Sicherheit ist es dieser Schuft mit seiner Bande gewesen. Wie sie das Kind weglocken konnten, weiß der Himmel, aber irgendwie ist es ihnen gelungen, und der Hund nahm ihre Spur auf und verscheuchte sie. Wir fanden ihn und Peter zusammen mitten im Wald. Es ist noch einmal gerade gut gegangen, und dafür müssen wir diesem Hund dankbar sein.«

Was konnte ich dazu sagen? Es war genauso nutzlos, ihnen in diesem Fall die Wahrheit sagen zu wollen, wie damals,

als ich mich in Toto geirrt und ihn für eine Ratte gehalten hatte. Peter war an jenem Abend eingeschlafen und hatte bis dahin noch dauernd von Räubern erzählt; und als er wieder aufwachte, glaubte er fest daran. Er gehörte nun einmal zu dieser Art von Kindern. Daran konnte ich wirklich nichts ändern.

Irgendwo hörte ich den Boss reden. Ich sah, wie der Hundezwingermann mit einem Teller in der Hand näher kam. Es roch wunderbar, und er kam geradewegs auf mich zu.

Den Teller stellte er vor mich hin. Es war Leber, die ich besonders liebe.

»Ja«, fuhr der Boss fort, »wenn er nicht gewesen wäre, wäre Peter gekidnappt worden, hätte sich halb zu Tode geängstigt, und ich wäre wohl um einiges ärmer geworden – je nachdem, was diese Schurken von mir gefordert hätten.«

Ich bin ein ehrlicher Hund und verabscheue es, unter Vorspiegelung falscher Tatsachen zu Ansehen zu gelangen – aber Leber ist Leber. Und so beließ ich es dabei.

Die Hunde von Beverly Hills

Hollywood ist ein guter Ort für Hunde. Obwohl ich präzisieren sollte, dass ich mit Hollywood Beverly Hills meine. Hollywood selbst ist ein ungesunder Ort, in dem kein Hund, der einen Funken Selbstachtung besitzt, leben wollen würde, doch Beverly Hills ist etwas anderes. Beverly Hills, eine Oase in einer recht trostlosen Landschaft, besteht aus einer Reihe von parallel verlaufenden Straßen, die in regelmäßigen Abständen von hübschen Häusern gesäumt werden. Vor jedem Haus erstreckt sich eine nicht eingezäunte Rasenfläche bis zur Straße, und auf jeder Rasenfläche liegt ein Hund. Geht man vorbei, kommt jeder Hund heran, um mit dem Passanten zu plaudern.

Stiffy lag nicht auf einem Rasen, als er mir zum ersten Mal begegnete. Er befand sich auf der Straße, verbellte ein Auto und amüsierte sich prächtig. Schon aber kehrte er zurück, schnupperte an mir, befand, dass ich roch, wie ich sollte, und gebärdete sich freundlich.

Stiffy war eine Art Bullterrier mit diversen Abweichungen. Seine Hinterbeine waren schwarz, sein Körper weiß mit wenigen schwarzen Streifen, und er sah aus wie ein Mitglied eines Footballvereins. Außerdem war er der bezauberndste, aufrichtigste und natürlichste Hund, der mir je über den Weg gelaufen ist. Da niemand in diesem motorisierten Ort je einen Hund spazieren führt, weil niemand je spazieren geht, war er entzückt, einen echten Fußgänger kennenzulernen. Er begleitete mich bis zum Wilshire Boulevard, was bedeutete, dass ich ihn über drei verkehrsreiche Straßen tragen musste, und von diesem Tag an gab es zwischen uns keine Vorbehalte mehr.

Stiffy war eine Goldmine für Klatsch über die Nachbarn. Durch ihn erfuhr ich das Geheimnis des Pekinesen auf dem Benedict Canyon Drive, Nummer 1005, und erhielt damit die Munition, die ich brauchte, um Letzteren dazu zu bringen, mich als einen Gleichgestellten zu behandeln. Denn dieser Pekinese, der sich nach außen hin hart wie Stahl gibt und sich von keinem Briefträger, Lieferanten oder anderem Besucher etwas bieten lässt, ist in Wahrheit nicht der Schrecken, als der er erscheint.

Ungefähr eine Woche zuvor war das Frauchen des Pekinesen in Urlaub gefahren. In der folgenden Nacht schlief der Hund wie gewöhnlich in ihrem Zimmer. Am nächsten Morgen beschloss der Hausherr, nach dem Tier zu sehen. Dieser Mann besitzt die Angewohnheit, mit einer schwarzen Augenbinde zu Bett zu gehen, da er sehr lichtempfindlich ist, und diese Binde vergaß er nun abzulegen. Als er das Zimmer betrat und der Pekinese jemanden sah, den er für einen maskierten Fremden hielt, stieß er ein entsetzliches Geheul aus und floh mit einem Satz unter das Bett, dessen Schutz er erst wieder verließ, nachdem der gesamte Haushalt unermüdlich und tröstend auf ihn eingeredet hatte.

»Herrje, hab' ich gelacht«, meinte Stiffy.

Er war es auch, der mir von dem Sealyham Terrier in Nummer 415 berichtete, der sich in der Konfektschachtel wälzte und die Bescherung im Zimmer verteilte. Kurz: Wenn es einen Hund in meiner Bekanntschaft gab, auf dessen Kameradschaft ich immer zählen konnte, so war es Stiffy. Stets ganz er selbst. Niemals gekünstelt, keine Faser Falschheit im Leib.

Doch dann brach eines Morgens die Tragödie über mich herein. Und das ganz ohne Warnung, was es umso schlimmer machte.

Ich war unterwegs ins Dorf, um mir Tabak zu besorgen, und als ich an Stiffys Rasen vorbeikam und ihn dort zusammengerollt liegen sah, rief ich ihn begeistert und ohne nachzudenken. Ich wollte unbedingt mit ihm plaudern, denn ich hatte ihn seit Wochen nicht gesehen. Wann immer ich vorbeigekommen war, war die Rasenfläche leer gewesen.

Ich rief ihn also, doch etwas Seltsames geschah. Gewöhnlich sprang er auf, war in zwei Sätzen bei mir und schleckte mir bereits das Gesicht, bevor ich noch abwehrend die Hände heben konnte. Doch nun regte er sich kaum. Beim Klang meiner Stimme hob er den Kopf langsam, öffnete die Augen weit und wandte sein Profil einer imaginären Kamera zu. Nachdem er diese Position einige Sekunden gehalten hatte, entspannte er sich wieder. Endlich erhob er sich und stelzte gemächlich in meine Richtung.

»Hallo, Stiffy«, sagte ich.

Er musterte mich kühl.

»*Mister* Stiffy, bitte«, erwiderte er. »So zumindest«, fuhr er mit aufgesetzter Lässigkeit fort, »nennt mich Izzy.«

»Izzy?«

»Isadore Wertheimer, Produktionsleiter von *Größer & Besser.*«

»Größer und besser was?«, fragte ich verdattert.

»Das Studio natürlich, du Trottel«, fuhr er mich in etwas normalerem Tonfall an. »Ich arbeite nun für G. & B.«

»Tatsächlich?«, sagte ich schwach.

Er gähnte.

»Ja. Wir machen gerade einen Film mit Clarry.«

»Clarry?«

»Clara Svelte. Nettes Ding. Man könnte sich keine bessere Nebenrolle wünschen. Ich kann mir durchaus vorstellen, sie auch in meinem nächsten Streifen wieder einzusetzen, es sei denn, diese Garbo ist wirklich so gut, wie es heißt. Ich lasse sie bereits genau beobachten. Der schwedische Akzent ist natürlich ein wenig störend, aber meine *Präsenz* könnte das tragen. Und jetzt, mein lieber Freund, müsstest du mich entschuldigen. Ich muss meine Stimme schonen. Außerdem kommt gleich mein Wagen. Schön, dich mal wieder zu sehen.«

Er nickte mir zu und rollte sich wieder zusammen. Und ich ging weiter.

Ich habe zu Anfang geschrieben, dass Hollywood ein guter Ort für Hunde ist. Das nehme ich zurück. Es mag in Bezug auf Klima und Gegend stimmen, aber es ist die unmittelbare Nähe der Studios, die so fatal ist. Und seit der Drahthaarterrier in Ronald Colmans letztem Film eine derart große Begeisterung ausgelöst hat, sind die Macher der Meinung, dass eine Hunderolle für den Erfolg eines Films entscheidend ist.

Sie haben mir Stiffy verdorben.

Es macht mich krank, diesen Hund zu sehen. Vor ein paar Tagen war ich zugegen, als ein freundlicher Aberdeen versuchte, seine Bekanntschaft zu machen, und ich war selten so abgestoßen wie beim Anblick der offen zur Schau gestellten Verachtung meines ehemaligen Freundes.

Aber ich habe gehört, dass Stiffys Vertrag nächsten Monat ausläuft. Wenn er nicht verlängert wird, kehrt der alte Stiffy vielleicht zurück.

Bingo und die Pekinesenkrise

Im Rauchsalon des Drones Club* zeigte ein *Bean* einigen *Eggs* sein wundes Bein als ein *Crumpet* eintrat. Nachdem er an der Bar einen Annie's Night Out bestellt hatte, gesellte er sich zu den anderen.

»Was ist passiert?«, fragte er.

Der *Bean* hatte die Geschichte zwar schon mindestens zweimal erzählt, zögerte aber nicht, sie erneut zum Besten zu geben.

»Dieser Schurke Bingo Little. Kam vorgestern mit einem bissigen Pekinesen in mein Haus und versuchte, ihn mir aufzudrängen.«

»Angeblich sei es ein Geburtstagsgeschenk«, fügte einer der *Eggs* hinzu.

»Das hat er behauptet«, sagte der *Bean* nickend. »Aber das nehme ich ihm keine Sekunde ab. Ich hatte keines-

---

* *Der Name des Drones Club in Mayfair, London, ist von den Drohnen eines Bienenvolks abgeleitet; gemeint sind die männlichen, reichen, gelangweilten Clubmitglieder, die sich hier treffen. Sie nennen sich untereinander »Eggs«, »Beans« und »Crumpets« (»old egg«, »old bean« oder »my dear old crumpet«).*

wegs Geburtstag. Und selbst wenn es so gewesen wäre, müsste er mich gut genug kennen, um zu wissen, dass ich kein verflixtes Raubtier mit nadelspitzen Zähnen und aufbrausendem Temperament haben wollte. Just als ich das Tier zur Tür bringen wollte, fuhr es blitzartig herum und schnappte nach meiner Wade. Und hätte ich nicht die Geistesgegenwart besessen, mich mit einem Sprung auf den Tisch zu retten, hätte es schlimm ausgehen können. Sehen Sie!« Er deutete auf sein Bein. »Eine hässliche Fleischwunde.«

Sie sind ja alle mehr oder weniger vertraut mit Bingos Lebensumständen, und ich nehme an, dass Sie ihn für einen von jenen seltenen Glückspilzen halten, die auf Samtkissen gebettet sind. Er isst gut, schläft gut und ist mit einer charmanten jungen Frau verheiratet – die bekannte Romanautorin Rosie M. Banks nämlich –, die alles hat, was man sich wünschen kann. Sein Leben, so wird es Ihnen vorkommen, ist ein fröhlich dahinplätschernder Bach.

Und doch scheint es in diesem Dasein ein Gesetz zu sein, dass kein Glück ungetrübt ist. In jeder noch so köstlichen Suppe befindet sich ein Haar. In Bingos Fall ist es die Tatsache, dass er selten, wenn überhaupt, mehr als abgezähltes Zigaretten-Geld in der Tasche hat. Mrs Bingo ist der Ansicht, dass es genau so sein sollte. Sie weiß nur allzu gut, wie gerne er auf Pferde setzt, die, falls sie das Ziel überhaupt erreichen, dies bescheiden am Ende der Prozession tun, und sie missbilligt diese Leidenschaft. Ein reizendes Mädchen – ein wirklich wunderbares Ding und der Baum, wenn ich es so ausdrücken darf, an dem die Frucht von Bingos Leben hängt – ihr fehlt jeglicher Sportsgeist.

Und daher setzte Bingo sich an dem Morgen, an dem diese Geschichte beginnt, in recht düsterer Stimmung an den Frühstückstisch. Mrs Bingos sechs Pekinesen tollten ausgelassen um seinen Stuhl herum, aber er ignorierte ihre Kapriolen. Er konnte nur daran denken, wie ungerecht es war, dass er für das Zwei-Uhr-Rennen in Hurst Park einen todsicheren Geheimtipp hatte, aber kein Geld besaß, um darauf zu setzen. Denn sein Buchmacher, dem das Wort »Entgegenkommen« offenbar fremd war, hatte ihm kürzlich mitgeteilt, er sei nicht mehr bereit, einen freundlichen Händedruck als Ersatz für harte Währung im Voraus zu akzeptieren.

Natürlich würde er nichts unversucht lassen und sogar seine Frau um ein paar Münzen bitten, aber er hatte keine große Hoffnung. Bingo ist kein Mann, der Hirngespinsten nachjagt.

»Ich nehme nicht an, meine liebe *In-guten-wie-in-schlechten-Tagen«*, begann er zaghaft, »dass du etwas dagegen hättest, wenn ich uns ein wenig Kleingeld verschaffte?«

»Wie meinst du das?«, fragte Mrs Bingo, die hinter dem Kaffeeapparat Briefe öffnete.

»Nun, es ist so: Es gibt da ein Pferd …«

»Nein, mein Lieber. Ich will nicht, dass du wettest, das weißt du.«

»Nun, ich würde das nicht gerade wetten nennen. *Die Hand ausstrecken und einsammeln* trifft es eher. Dieses Pferd, musst du wissen, wird Pimpled Charlie genannt ….«

»Seltsamer Name.«

»Höchst seltsam, ja. Und wenn ich dir erzähle, dass ich gestern Nacht träumte, ich hätte mit Oofy Prosser im Brunnen auf dem Trafalgar Square gerudert, dann wirst erkennen, wie bedeutsam er ist.«

»Und warum?«

»Oofys richtiger Name«, erwiderte Bingo mit ernster Stimme, »lautetet Alexander Charles, und während wir im Boot saßen, sprachen wir darüber, ob Oofy seine Ansammlung von Pickeln nicht der Nation präsentieren sollte.«

Mrs Bingo lachte ihr silbriges Lachen.

»Du bist albern«, sagte sie nachsichtig, und Bingo wusste, dass er die Hoffnung, welche ohnehin von schwächlicher Konstitution gewesen war, nun begraben konnte. Wenn dies die Haltung war, die sie einer doch fast schon göttlichen Eingebung entgegenbrachte, dann hatte es überhaupt keinen Sinn, die Sache weiterzuverfolgen. Und so ließ er das Thema dann auch fallen, und das Gespräch wandte sich Mrs Bingos Plänen und dem Reisewetter zu, denn an diesem Tag wollte sie nach Bognor Regis fahren, um zwei Wochen bei ihrer Mutter zu verbringen.

Er war gerade dabei, nach Abhandlung dieses Themas wieder in seine düstere Stimmung zu versinken, als hinter dem Kaffeeapparat ein ekstatischer Schrei hervorgestoßen wurde und sich vor Schreck ein halbes Ei von seiner Gabel löste. Er schaute auf und sah seine Frau einen Brief schwenken und dabei strahlen wie ein Honigkuchenpferd.

»Oh, Zuckerschnäuzchen«, mit diesem Kosenamen belegte sie ihn häufig, »Mr Purkiss hat sich gemeldet.«

»Und wer soll dieser Purkiss sein?«

»Du kennst ihn nicht. Er ist ein alter Freund. Und er wohnt gar nicht weit weg. Ihm gehört eine Kinderzeitschrift mit dem Titel *Kleine Rangen.*«

»Nun – und?« Bingo war noch immer weit davon entfernt, die Botschaft zu verstehen.

»Ich wollte es dir nicht vorher sagen, Liebling, weil ich befürchtete, es könne dann doch nicht zustande kommen, aber er erwähnte mir gegenüber vor einiger Zeit, dass er einen neuen Chefredakteur für *Kleine Rangen* suche, und ich schlug ihm vor, es mit dir zu probieren. Du habest zwar keine Erfahrung, sagte ich ihm, aber du seiest schrecklich klug, und mit ein wenig Anleitung sei es sicher gar kein Problem. Er erwiderte, er würde darüber nachdenken, sei aber ursprünglich schon entschlossen, seinen Neffen einzusetzen. Nun aber lese ich hier in seinem Brief, dass sein Neffe von dessen Schneider verklagt worden ist und Mr Purkiss nun an seiner Seriosität zweifelt. Er will sich mit dir treffen und ein wenig plaudern. Oh, Bingo, er wird dir die Stelle bestimmt geben.«

Bingo brauchte einen Moment Zeit, um die Neuigkeit einsinken zu lassen. Dann erhob er sich und küsste Mrs Bingo zärtlich.

»Meine kleine Fee.«

Er war außerordentlich entzückt. Die Verabredung, so war anzunehmen, enthielt das Versprechen auf ein regelmäßiges Gehalt, und ein regelmäßiges Gehalt war etwas, das er sich schon seit Jahren wünschte. Investierte er es geschickt in jene Tipps von oben, die er so oft des Nachts erhielt, musste sich ein solcher Bonus rasch in ein stattliches Vermögen verwandeln lassen. Und von diesem schäbigen Hintergedanken einmal abgesehen, gefiel ihm die Vorstellung, Chefredakteur zu sein und bei zahllosen Gelegenheiten damit prahlen zu können, ungemein. Er freute sich schon jetzt darauf, die anderen Mitglieder des Drones Club zu ermutigen, Beiträge für die Kinderecke der Zeitschrift einzusenden, und sie bedauernd zurückzuschicken, weil sie den Ansprüchen dann doch nicht genügten.

»Er war mit seiner Frau bei einer Tante in Tunbridge Wells, kehrt aber heute noch zurück und möchte dich unter der Uhr am Charing Cross um zwölf Uhr treffen. Kannst du dort sein?«

»Das kann ich«, sagte Bingo. »Und das werde ich.«

»Du wirst ihn an einem grauen Tweedanzug und Homburger erkennen.«

»Und ich«, gab Bingo mit einem Hauch Überlegenheit zurück, »trage einen Stresemann und einen Zylinder.«

Wieder küsste er Mrs Bingo, sogar noch zärtlicher als zuvor. Und bald darauf war es Zeit für Mrs Bingo, in den Wagen zu steigen, der sie nach Bognor Regis bringen sollte. Er brachte sie an die Tür und sah nicht vergossene Tränen in ihren Augen, als sie einander Lebwohl wünschten. Denn der Abschiedsschmerz wurde verstärkt durch die Tatsache, dass das Haus ihrer Mutter voller Katzen war und sie daher ihre sechs Pekinesen zu Hause lassen musste.

»Kümmere dich gut um sie, während ich fort bin«, murmelte sie traurig, als die Tiere in den Wagen hüpften und von Bagshaw, dem Butler, wieder hinausgescheucht wurden. »Du kümmerst dich doch gut um sie, nicht wahr, Liebling?«

»Wie ein Vater«, gab Bingo zurück. »Ihr Wohlergehen wird meine größte Sorge sein.«

Und er sprach aufrichtig. Er mochte diese Tierchen. Sein Verhältnis zu ihnen hatte stets auf gegenseitiger Wertschätzung und Zuneigung basiert. Sie schleckten ihm über das

Gesicht, er rieb ihnen die Bäuche. Ein bereicherndes Geben und Nehmen.

»Und vergiss bitte nicht, ihnen jeden Abend ihren Kaffeezucker zu geben.«

»Du kannst dich drauf verlassen«, versicherte Bingo ihr. »Bei meiner Ehre.«

»Und bitte geh doch bei Boddington und Biggs wegen Ping-Poos Geschirr vorbei. Sie flicken das Leder. Oh, apropos.« Mrs Bingo öffnete ihren Beutel und holte Geld hervor. »Könntest du, wenn du schon bei Boddington und Biggs vorbeigehst, die Rechnung bezahlen? Dann muss ich nicht erst einen Scheck ausschreiben.«

Sie drückte ihm zwei Fünfer in die Hand, umarmte ihn und fuhr davon, während er ihr auf der Treppe nachwinkte.

Ich erwähne die Tatsache, dass er winkte, absichtlich, weil dieses Winken eine wichtige Bedeutung für die folgenden Ereignisse haben sollte. Man kann nicht mit zwei Fünfern in der Hand winken, ohne dass sie knistern. Und zwei Fünfer können nicht in der Hand eines Mannes knistern, der aus zuverlässiger Quelle weiß, dass im Zwei-Uhr-Rennen im Hurstpark ein Außenseiter gewinnen wird, ohne bei ihm einen bestimmten Gedankengang auszulösen. Der Wagen war kaum außer Sicht, als die Schlange in diesem Garten Eden – die Littles bewohnten eins von den Häusern, die am Rand von Wimbledon Common auf großen Grundstücken standen – bereits ihren Kopf hob und Bingo ins Ohr flüsterte: »Na, wie wär's, alter Freund?«

Selbstverständlich ist Bingo unter normalen Umständen ein Musterbeispiel an Ehrlichkeit und würde niemals auch nur daran denken, sich an Geld, das einem seriösem Unternehmen der Bond Street rechtmäßig zusteht, persönlich zu bereichern. Doch dies, so erklärte ihm die Schlange, und Bingo konnte ihr nur zustimmen, war eindeutig eine Ausnahmesituation, die es zu nutzen galt.

Natürlich kam es ganz und gar nicht in Frage, Boddington und Biggs um ihren Gewinn zu prellen. Dieser Gedanke konnte sofort verworfen werden. Aber das Einzige, was geschehen würde, wenn Bingo dem Buchmacher die zwei Fünfer gab, damit er sie auf Pimpled Charlie setzte, war, dass der gute Boddington und sein Freund das Geld erst morgen, statt heute bekamen. Falls der unwahrscheinliche Fall eintrat, dass Pimpled Charlie nicht gewann, musste Bingo nur Mr Purkiss, der zu dem Zeitpunkt bereits sein Arbeitgeber sein würde, um einen kleinen Vorschuss auf sein Gehalt bitten. Wahrscheinlich, hob die Schlange hervor, würde Mr Purkiss ein solches Arrangement gar selbst vorschlagen, denn es konnte Bingo doch keine Probleme bereiten, diesen Mann zu bezaubern. Falls der Stresemann es allein nicht schaffte – mit Zylinder würde er seine Wirkung ganz sicher nicht verfehlen. Purkiss würde ihm wenig Widerstand leisten. Im Grunde konnte man sagen, dass das Geschäft bereits unter Dach und Fach war.

Leichten Herzens traf Bingo also eine Stunde später in London ein, veranlasste bei seinem Buchmacher, dessen Büro in der Oxford Street lag, alles Nötige und schlenderte anschließend zum Bahnhof Charing Cross, um unter der Uhr um fünf Minuten vor zwölf anzukommen. Und pünktlich zur vollen Stunde erschien ein älterer Mann im grauen Tweedanzug und einem Homburg auf dem Kopf.

Dann fand folgende Konversation statt.

»Mr Little?«

»Sehr erfreut.«

»Sehr erfreut. Ein prächtiger Tag.«

»Unbedingt.«

»Sie sind ausgesprochen pünktlich, Mr Little.«

»Das bin ich immer.«

»Eine bewundernswerte Eigenschaft.«

»Nun, ja.«

Und als Bingo gerade sah, wie ehrfürchtige Bewunderung in den Augen seines Begleiters, der den Zylinder bemerkt hatte, zu keimen begann, geschah es, dass aus dem Erfrischungsraum, Bierschaum von seinen Lippen wischend, B. B. Tucker vom *Gents Hosier and Bespoke Shirt Maker*, Bedford Street, Strand, trat, dem Bingo seit vielleicht eineinviertel Jahren drei Pfund, elf Shilling und Fourpence für gelieferte Maßhemden schuldete.

Und hier zeigt sich einmal mehr, wie mentales Entzücken die Urteilskraft eines Mannes trüben kann. Als die Idee mit dem Treffen unter der Uhr am Charing Cross angesprochen worden war, hatte Bingo, außer sich von der Möglichkeit, Herausgeber eines mächtigen Sprachrohrs für die Kleinen zu werden, alle Vorsicht fahren lassen und ohne nachzudenken eingewilligt. Erst jetzt erkannte er, welch ein Wahnsinn es gewesen war, sich näher als eine Meile an Charing Cross heranzuwagen. Die Lokalität war buchstäblich gesteckt voll von Geschäften, in denen Bingo in seinen Junggesellentagen kleinere Schuldsummen angesammelt hatte, und man konnte nie wissen, wann es den Eignern in den Sinn kam, im Erfrischungsraum des Bahnhofs ein

Gläschen zu sich zu nehmen – wie es offenbar B. B. Tucker gerade getan hatte.

Bingo packte das nackte Entsetzen. Er wusste sehr wohl, wie sehr es Männern wie B. B. Tucker an Takt und *Savoir faire* mangelte. Wenn sie einen ehemaligen Kunden mit einem Freund plaudern sehen, gehen sie nicht einfach mit einem freundlichen Nicken vorüber. Nein, sie kommen heran, stellen sich dreist dazu und predigen, dass ein Kaufvertrag bindend sei und ähnlichen überflüssigen Unsinn. Und wenn Purkiss ein Mann war, der sich angewidert von einem Neffen abwandte, weil er von seinem Schneider verklagt wurde, dann, dessen war Bingo sich sicher, würden zwei Minuten mit B. B. Tucker den schönen Effekt des Zylinders wieder zunichte machen.

Und da kam er auch schon, ganz wie Bingo es geahnt hatte.

»Oh, Mr Little«, setzte er an.

Nun war rasche Reaktion gefordert. Hinter Bingo befand sich ein Kofferkarren, und die meisten Menschen hätten sich wohl resigniert der Tatsache ergeben, dass ihnen der Fluchtweg abgeschnitten worden war. Aber Bingo war aus anderem Holz geschnitzt.

»Auf Wiedersehen, Purkiss«, sprach's, setzte leichtfüßig über den Wagen und tauchte in der Menschenmenge unter. Er nahm Kurs auf den Haupteingang, verließ den Bahnhof und befand sich im Handumdrehen in den Embankment Gardens. Dort blieb er exakt die Zeitspanne, die B. B. Tucker, wie er annahm, brauchte, um sich wieder zu verziehen, und kehrte anschließend zu der Stelle unter der Uhr zurück, um seine Konferenz mit Purkiss fortzusetzen, als seien sie nicht unterbrochen worden.

Nun, in einer Hinsicht war seine Strategie erfolgreich gewesen, denn B. B. Tucker war tatsächlich verschwunden. In anderer jedoch nicht, denn auch Purkiss war nicht mehr zu sehen. Er hatte sich in Luft aufgelöst, und nachdem Bingo eine halbe Stunde lang auf und ab gegangen war, musste er sich eingestehen, dass er wohl auch nicht zurückkehren würde. Purkiss hatte sich empfohlen. Aber in welcher Verfassung hatte er sich empfohlen? Nun, da er Muße zum Nachdenken hatte, erinnerte Bingo sich, dass Purkiss ihm, als er über den Karren gesprungen war, einen befremdeten Blick zugeworfen hatte, und es durchfuhr ihn, dass Purkiss ihn nun vielleicht für ein wenig exzentrisch halten mochte. Das Schlimmste war zu befürchten. Ein Anwärter auf einen Redaktionsstuhl, das wusste er, erhöhte seine Chancen auf Einstellung nicht, indem er in Gegenwart seines zukünftigen Vorgesetzten über Gepäckwagen sprang.

In düsterer Stimmung ging er davon, um einen Happen zu Mittag zu essen, und er nahm gerade seinen Kaffee zu sich, als das Ergebnis des Zwei-Uhr-Rennens durch den Äther kam. Pimpled Charlie hatte es nicht geschafft. Die Vorsehung hatte ihm einen Streich gespielt, als sie ihn dazu brachte, sein letztes Hemd auf das Pferd zu setzen. Es war nicht das erste Mal, dass so etwas geschah.

Am Nachmittag des folgenden Tages erhielt er einen Brief von Purkiss, der ihm bestätigte, wie recht er mit seiner Ahnung gehabt hatte. Er las das Schreiben und zerriss es anschließend in tausend Fetzen. Sagt er zumindest. Wahrscheinlich aber eher in acht, es handelte sich schließlich um einen Ausdruck der Verachtung. Nach sorgfältiger Überlegung habe Purkiss, so schrieb Purkiss, sich entschieden, in

Hinsicht auf den Redaktionsposten für *Kleine Rangen* anderweitige Arrangements zu treffen.

Zu behaupten, Bingo sei geistesabwesend gewesen, als er sich am Abend zum Essen niedersetzte, ist sicher nicht übertrieben. Ihm war bewusst, dass es eine Menge Dinge gab, die er Mrs Bingo bei ihrer Rückkehr erklären musste, und ihm war ebenso bewusst, dass eine Beichte ihm keine rasche Absolution einbringen würde. Da waren zum Beispiel die zehn Pfund, deren Fehlen einen Schatten über den Haushalt werfen würde. Hinzu kam das Geständnis, dass er seine Aussicht auf den Posten des Junior-Herausgebers verspielt hatte, und das würde die Stimmung im Hause Little gewiss nicht heben.

Er war also, wie gesagt, geistesabwesend. Die sechs Pekinesen begleiteten ihn zur Bibliothek, wo sie brav auf ihren Zucker warteten, doch Bingo war so in Gedanken, dass er kaum auf sie achtete. Sein Verstand war einzig darauf konzentriert, wie er am besten vorgehen sollte.

Doch dann – und Bingo wusste nicht, was ihn dazu gebracht hatte – dämmerte ihm langsam aber sicher, dass irgendetwas mit den sechs Pekinesen nicht stimmte.

Es war nicht ihr Aussehen oder ihr Verhalten, das ihn nachdenklich stimmte. Sie sahen genauso aus wie immer, und sie benahmen sich ganz genau wie immer. Nein, es war etwas Subtileres. Und plötzlich, als habe ihm jemand einen Schlag auf den Hinterkopf versetzt, begriff er.

Es waren nur fünf.

Nun mag die Tatsache, dass in einem Haus mit sechs Pekinesen nur fünf pünktlich zur Würfelzucker-Zeit erscheinen, für einen gelassenen Geist keine bedrohliche Komponente enthalten. Der sechste, würde der entspannte Geist annehmen, wird irgendwo mit häuslichen Pflichten beschäftigt sein – einen Knochen vergraben, ein Nickerchen machen, etwas in der Art. Aber Bingo kannte die Pekinesen. Er konnte in ihnen lesen wie in einem offenen Buch. Wenn sich nur fünf versammelt hatten, obwohl es Würfelzucker gab, dann waren auch nur fünf im Haus. Der sechste hatte sich unerlaubt von der Truppe entfernt.

Bingo war die Erkenntnis gekommen, während er in seiner Tasse gerührt hatte, und nun fiel ihm vor Schreck der Löffel aus den plötzlich tauben Fingern. Deutlich sah er vor seinem geistigen Auge das Unheil auf sich zukommen.

Dies war die Spitze. Er wusste es. Verglichen damit war alles andere nebensächlich, sogar der Verlust von Boddington und Biggs' zehn Pfund. Mrs Bingo liebte die Hunde. Sie hatte sie in seiner Obhut gelassen. Und bei dem Gedanken daran, was geschehen würde, wenn er beichten musste, wie er seiner Verantwortung nachgekommen war, ging seine Fantasie mit ihm durch. Es würde Tränen geben, Vorwürfe, bittere Ausrufe – »Oh, wie konntest du nur!« … Ja, verflucht!, erkannte Bingo mit derartigen Heftigkeit, dass ihm die Augen hervorquollen, es war durchaus möglich, dass der unglückliche Umstand der verlorenen zehn Pfund sie zu dem Schluss führte, er habe das fehlende Tier gestohlen und verkauft.

Schaudernd sprang er vom Stuhl und klingelte. Er musste sich mit Bagshaw austauschen und in Erfahrung bringen, ob der Hund vielleicht unten in der Küche war. Doch Bagshaw war an diesem Abend nicht anwesend, wie das Dienstmädchen, das an seiner Stelle kam, ihm mitteilte. Und nachdem sie ihm versichert hatte, dass die unteren Stockwerke vollkommen hundefrei waren, stieß Bingo ein tiefes Stöhnen aus, packte seinen Hut und machte sich auf den Weg nach draußen. Es bestand eine Möglichkeit, wenn auch eine geringe, dass der kleine Kläffer den Ruf der Wildnis vernommen hatte und sich nun irgendwo auf Feldern und Wiesen herumtrieb.

Wie lange er unterwegs war, Ausschau hielt und lockende Geräusche von sich gab, hätte er nicht sagen können, aber es war eine gute Weile verstrichen und seine Schritte hatten ihn weit von seinem Haus fortgebracht. Er hatte in unbekannten Gefilden angehalten, um sich eine Zigarette anzuzünden, und wollte gerade aufgeben, kehrtmachen und nach Hause gehen, als plötzlich all seine Glieder erstarrten und die Zigarette auf seinen Lippen gefror.

Denn dort in der sich verdichtenden Dunkelheit hatte er einen Burschen von butlerhaftem Aussehen entdeckt. Und dieser Butler, wenn er denn einer war, führte an einer Leine einen Pekinesen, der denen aus Mrs Bingos Rudel so ähnlich sah, dass er sich der Truppe hätte anschließen können, ohne den Hauch eines Verdachts zu erregen. Pekinesen sind, wie Sie vermutlich wissen, entweder beige und haarig oder braun und haarig. Mrs Bingos waren braun und haarig.

Der Anblick weckte Bingos Lebensgeister. Sein rasiermesserscharfer Verstand hatte ihm schon eine Weile gesagt, dass die einzig möglich Lösung aus diesem Dilemma darin bestand, einen anderen Pekinesen zu erstehen und ihm dem Rudel zuzuführen, doch der Haken daran war natürlich, dass Pekinesen Geld kosteten – und im Augenblick besaß er nicht mehr als sechs Schilling und ein wenig Bronze.

Im ersten Impuls wollte er auf den Butler zuspringen und ihm den Hund eigenhändig entreißen. Zum Glück besann er sich rechtzeitig auf seine Vernunft und begnügte sich damit, dem Mann so zu folgen, wie man es immer liest, nämlich lautlos und ohne dass unter den Füßen ein einziger Zweig bricht. Nun verließ der Bursche den Gemeindepark, bog in eine ruhige Straße ein und durchschritt schließlich ein Tor, das zu einem großen Haus gehörte. Bingo passierte es unauffällig pfeifend und ging weiter, bis er zu einigen Ladenlokalen kam. Er suchte einen Lebensmittelhändler, fand einen, trat ein und investierte einen Teil seiner Barschaft in ein Stück vom reifsten und duftendsten Käse, den der Händler auf Lager hatte.

Denn Bingo, wie bereits erwähnt, kannte sich mit Pekinesen aus und wusste, dass sie zwar Hühnchen mochten, nichts gegen Nierenfettkuchen hatten und nur selten ein Stück Schokolade ablehnten, wenn es ihnen angeboten wurde, aber für Käse jedem ans Ende der Welt folgen und ihre Seele verkaufen würden. Bingo hatte die Absicht, sich im Garten zu verstecken, auf den Nachtspaziergang des Hündchens zu warten, dann hervorzukommen und ihn mit der Käsekante, die er gerade erstanden hatte, zum Mitkommen zu überreden.

Und so hockte er zehn Minuten später auch schon in einem Busch, um auf seinen Einsatz zu warten.

Dies war keine Nachtwache, an die er gerne zurückdenkt. Die Erfahrung, nur in Gesellschaft eines stinkenden Stück Käses in einem fremden Garten im Gestrüpp zu hocken, ohne rauchen zu dürfen, ist kein Spaß. Ameisen krochen seine Beine hinauf, Käfer versuchten, sich zwischen Kragen und Hals zu zwängen, und andere Kreaturen Gottes machten sich den Zufall zunutze, dass er seinen Hut verloren hatte, und gerieten in sein Haar. Doch endlich wurde sein Durchhaltevermögen belohnt. Eine Fenstertür wurde aufgerissen, und der Pekinese kam im Licht, das von innen herausströmte, in den Garten getrottet, einen stämmigen, älteren Mann im Kielwasser. Man stelle sich Bingos Gefühle vor, als er in dem stämmigen älteren Mann niemand anderen erkannte als den guten alten Papa Purkiss.

Sein Anblick war wie ein nervenstärkendes Elixier. Bis zu diesem Augenblick war Bingo nicht vollständig frei von Gewissensbissen gewesen. Sein Plan hatte ihm durchaus zu schaffen gemacht, und von Zeit zu Zeit hatte er sogar ein wenig Mitleid für den armen Kerl empfunden, dessen Haustier er zu entwenden gedachte. Doch nun löste sich sein schlechtes Gewissen in Luft auf. Indem Purkiss ihn so schnöde abgewiesen hatte, hatte er auch gleichzeitig jedes Anrecht auf Mitleid verspielt. Dieser Mann hatte es verdient, aller Pekis, die sich in seinem Besitz befinden mochten, beraubt zu werden.

Die Frage allerdings, die Bingo zu diesem Zeitpunkt noch ein wenig Sorge bereitete, war die nach dem Wie. Falls es in Purkiss' Absicht lag, dem Hund während des Ausgangs auf den Fersen zu bleiben, konnte Bingo ihn schwerlich entpekinieren, ohne das Risiko einer Entdeckung einzugehen.

Doch das Glück war auf seiner Seite. Purkiss hatte sich offenbar an jenem Abend vom Radio unterhalten lassen, denn es hatte eine fröhliche Rumba gespielt, als Mann und Hund in den Garten hinausgetreten waren. Nun aber riss die Musik, wie es im Radio manchmal geschah, plötzlich ab, es gab ein Krächzen, und dann wurde deutsch gesprochen. Purkiss kehrte ins Haus zurück, um den Sender neu einzustellen.

Bingo hatte nun genau die Zeit, die er brauchte. Blitzartig schoss er wie ein Leopard auf Beutejagd aus dem Busch. Einen beängstigenden Augenblick lang wich der Pekinese mit indigniert hochgezogenen Brauen zurück, doch zum Glück drang ihm der Käseduft in die Nase, bevor er noch ein Sotto-voce-Wuff hervorbringen konnte, und von da an lief alles wie geschmiert. Eine halbe Minute später hastete Bingo mit dem Hund im Arm die Straße entlang. Als er den Gemeindepark erreichte, entdeckte er glücklicherweise bald Bekanntes und konnte den Heimweg einschlagen.

Mrs Bingos Pekinesen waren schon alle zu Bett gegangen, als er ankam und ihnen den kleinen Fremden unterschob. Zufrieden beobachtete er, wie sie den Hund freundlich in ihre Mitte nahmen und als ihresgleichen akzeptierten. Wenn man ein Rudel Pekinesen mit einem Artgenossen zusammenführt, entstehen daraus viel zu oft Unruhen wie in Madrid zu Silvester, aber an jenem Abend gab die heimische Mannschaft nach zögerlichem Schnüffeln den erhobenen Daumen. Anschließend ging er wieder in die Bibliothek und klingelte. Er beabsichtigte, Bagshaw, falls er wieder zurückgekehrt war, mit der Zubereitung eines Whisky-Sodas zu betrauen.

Bagshaw war tatsächlich zurückgekehrt. Er erschien, hörte zu und besorgte das Gewünschte. Als er sich zum Gehen wandte, sagte er:

»Oh, und was den kleinen Hund betrifft, Sir.«

Bingo fuhr so stark zusammen, dass ihm Flüssigkeit aus dem Glas schwappte.

»Hund?«, brachte er hervor, wobei seine Stimme das H am Anfang eigenmächtig zu einem Hauchen dehnte. »Was für ein Hund?«, setzte er hinzu und brachte es bei dem Wort »Was« auf sieben Ws.

»Der kleine Wing-Fu, Sir. Ich konnte es Ihnen vorhin nicht mitteilen, da Sie nicht zu Hause waren, als Mrs Littles Nachricht eintraf. Mrs Little rief kurz nach dem Mittagessen an und bat mich, Wing-Fu mit der Eisenbahn nach Bognor Regis zu schicken. Sie sagte, sie habe dort von einem Künstler gehört, der Tiere porträtiert, und wolle nun Wing-Fu darstellen lassen. Ich verschickte den kleinen Kerl in einem Deckelkorb und erfuhr schon bei meiner Rückkehr durch ein Telegramm von seiner sicheren Ankunft. Erst zu spät kam mir in den Sinn, dass ich es Ihnen sofort hätte mitteilen müssen, da Sie sich gewiss große Sorgen gemacht hätten, falls Ihnen das Fehlen des Tiers aufgefallen wäre. Gute Nacht, Sir.« Und mit diesen Worten verließ er den Raum.

Wie Sie sich vielleicht denken können, war es ein schäumender Bingo, der allein zurückblieb. Dank Mrs Bingos mangelndem Feingefühl, das sie dazu verleitet hatte, einen Untergebenen mit einer wichtigen Sache zu betrauen, anstatt sich an ihn, Bingo, in ihrer Abwesenheit Oberhaupt dieses Haushalts, zu wenden, hatte er seine gesellschaftliche Stellung aufs Spiel gesetzt und war zu einem Hundedieb geworden. Und was hatte es ihm gebracht? Gar nichts.

Wenn man an die Qualen denkt, die er in dem Busch erlitten hatte – nicht nur die mentalen, die durch seine Gewissensbisse entstanden waren, sondern auch die echten, körperlichen, die durch Ameisen, Käfer und andere, nicht identifizierbare Kreaturen in seinem Haar hervorgerufen worden waren –, kann man es ihm nicht verübeln, dass er über die ganze Geschichte sehr wütend wurde. Aber auch Kummer durchdrang ihn. Warum, so fragte er sich, war er nicht über die Vorkommnisse informiert worden? War er denn ein Niemand? Darüber hinaus hielt er es für unklug, Wing-Fus Eitelkeit Vorschub zu leisten, indem man ihn malen ließ – das Tier war schon jetzt affektiert genug.

Das Schlimmste aber war das Bewusstsein, dass hier rasches staatsmännisches Handeln von seiner Seite erforderlich war, und er wollte verflucht sein, wenn ihm etwas einfiel. In sehr düsterer geistiger Verfassung begab er sich schließlich ins Bett.

Aber manche Dinge müssen überschlafen werden. Die Lösung kam ihm am nächsten Morgen im Bad. Und wie leicht es doch alles war! Er musste bloß den Purkiss'schen Hund zum Purkiss'schen Anwesen zurückbringen und ihn im Garten aussetzen, und schon war die unangenehme Angelegenheit beendet.

Erst als er sich nach dem Bad abtrocknete, wurde ihm bewusst, dass er nicht wusste, wie Purkiss' Haus hieß – nicht einmal, wie die Straße hieß, in der es stand –, und dass er auf seiner Flucht mit dem Hund so geschickte Haken geschlagen hatte, dass er den Weg niemals wiederfinden würde.

Und um dem Ganzen die Krone aufzusetzen (denn es nahm ihm die Möglichkeit, die Adresse im Telefonbuch nachzuschlagen), konnte er sich nicht einmal mehr an Purkiss' Namen erinnern.

Oh, ja, *nun* weiß er ihn. Er ist ihm in seine Seele eingebrannt. Wenn man ihn heute auf der Straße anhalten und fragen würde: »Ach, übrigens, Bingo, wie hieß denn noch mal der alte Herr, dem *Kleine Rangen* gehört?«, würde er wie aus der Pistole geschossen antworten: »Henry Cuthbert Purkiss.« Aber in jenem Moment im Bad war der Name wie ausgelöscht. Und wenn ich Ihnen erzähle, dass er beim Frühstück von Winterbottom überzeugt, zum Mittagessen aber schon auf Benjafield umgestiegen war, dann ahnen Sie, wie verzweifelt er gewesen sein muss.

Und, wie Sie sich gewiss erinnern werden, existierte das einzige Dokument, das ihm hätte helfen können, nicht mehr. Er hatte es in tausend Fetzen gerissen. Oder sagen wir in acht.

Bingo Little war ein gebrochener Mann.

Nach einer schonungslosen Analyse der Fakten, war ihm nur allzu deutlich bewusst, was geschehen musste. Mrs Bingo war eine Frau mit sechs Pekinesen. Sobald sie aus Bognor Regis zurückkehrte, wäre sie eine Frau mit sieben Pekinesen. Und seine beachtliche Menschenkenntnis verriet ihm, dass eine Sechs-Pekinesen-Frau, die erkannte, dass sie plötzlich eine Sieben-Pekinesen-Frau geworden war, als Erstes Fragen stellen würde. Viele Fragen. Und was würde er auf diese Fragen antworten?

Er war überzeugt davon, dass es ihm absolut nichts nützen würde, so zu tun, als habe er das zusätzliche Rudelmitglied als Überraschung für Mrs Bingo erworben. Seine Frau war nicht dumm. Sie wusste genau, dass er kein Mann war, der seine magere Barschaft verplemperte, indem er anderen Leuten Pekinesen schenkte. Ihr würde die Erklärung dünn vorkommen. Sie würde Nachforschungen anstellen, und diese Nachforschungen würden sie am Ende unweigerlich zu diesem Winterbottom oder Benjafield, oder wie immer er auch heißen mochte, führen.

Aus Bingos Sicht gab es also nur noch eine Richtung, die er einschlagen konnte. Er musste dem Diebesgut anderswo ein angenehmes Zuhause verschaffen, möglichst schnell und möglichst weit vom Benjafield-Winterbottom-Dunstkreis entfernt.

Nun wissen Sie also, warum der arme alte Bursche neulich mit dem Tier bei Ihnen auftauchte. Und wie ich schon sagte, werden Sie mir wahrscheinlich zustimmen, dass er mehr zu bemitleiden als zu tadeln ist. In diesem Zusammenhang hat er mich übrigens beauftragt, Ihnen zu versichern, dass er für alle Kosten, die aus Verbandsmaterial, Arnika und einer Pasteur-Impfung entstehen mögen, aufkommen wird.

Nach Ihrer Weigerung, das Schätzchen zu behalten, scheint Bingo den Mut verloren zu haben. Jedenfalls wollte er kein zweites Mal versuchen, den Hund an den Mann zu bringen, und als er nach Hause zurückgekehrt war, erkannte er, dass ihm nichts anderes übrig blieb, als den Namen des ursprünglichen Besitzers herauszufinden. Kurz nach dem Mittagessen rief er daher Bagshaw zu sich.

»Bagshaw«, begann er. »Nennen Sie mir Namen.«

»Namen, Sir?«

»Ja. Sie wissen schon. Namen von Leuten. Ich versuche mich an den Namen eines Mannes zu erinnern, aber er will mir nicht einfallen. Ich habe eine Ahnung«, fügte er hinzu, da er inzwischen Richtung Jellaby tendierte, »dass er mit einem J anfängt.«

Bagshaw überlegte.

»J, Sir?«

»Ja.«

»Smith?«

»Nein, nicht Smith«, sagte Bingo. »Und falls Sie Jones meinten, so gewöhnlich ist der Name nicht. Ich erinnere mich, dass er ein wenig exotisch anmutete. So wie zum Beispiel Jerningham oder Jorkins. Aber vielleicht irre ich mich auch mit dem J. Versuchen wir es mit den As.«

»Adams, Sir? Allen? Ackworth? Anderson? Arkwright? Aarons? Abercrombie?«

»Machen wir mit den Bs weiter.«

»Bates? Bulstrode? Burgess? Bellinger? Biggs? Bultitude?«

»Und nun ein paar Cs.«

»Collins? Clegg? Clutterbuck? Carthew? Curley? Cabot? Cade? Cackett? Cahill? Caffrey? Cain? Caird? Cannon? Carter? Casey? Cooley? Cuthbertson? Cope? Cork? Crowe? Cramp? Croft? Crewe?«

Ein Pochen in den Schläfen sagte Bingo, dass er in seinem geschwächten Zustand nicht viel mehr ertragen konnte. Er hob gerade die Hand, um abzuwinken, als der Butler, der nun richtig in Fahrt gekommen war, hinzufügte:

»Cruickshank? Chalmers? Cutmore? Carpenter? Cheffins? Carr? Cartwright? Cadwallader?«

In Bingos Erinnerung begann eine Glocke zu klingeln.

»Cadwallader!«

»Ist das der Name des Gentleman, Sir?«

»Nein. Aber er geht auch.«

Ihm war mit einem Mal wieder eingefallen, dass Cadwallader der Name des Händlers war, von dem er den Käse gekauft hatte. Wenn er an dessen Tür begann, würde er gewiss den Weg »Chez Purkiss« finden. Nun wusste er, was zu tun war. Cadwallader, hallo! war das Losungswort.

Schlau wäre es indes gewesen, die Expedition bis nach Einbruch der Nacht zu verschieben, denn delikate Unternehmungen profitieren stets vom Schutz der Dunkelheit. Aber zu dieser Jahreszeit, es war Sommer, wurde es so verflixt spät dunkel, und Bingo war begierig darauf, endlich handeln zu können. Nachdem er seine Erinnerung aufgefrischt hatte, indem er im Telefonbuch Cadwalladers Adresse nachgesehen hatte, zog er also mit Hoffnung im Herzen und dem Hund unterm Arm hinaus in die Kühle des Abends. Rasch war ihm die Gegend vertraut. Hier war Cadwalladers Lebensmittelgeschäft, dort war die Straße, die er gehen musste, und ein paar Augenblicke später befand er sich bereits vor der Buchsbaumhecke, die Purkiss' Anwesen umgab, und vor dem Tor, durch das er eingedrungen war.

Er öffnete es, schubste den Pekinesen hinein, entbot ihm einen knappen Abschiedgruß und zog ab. Kurz vor sechs Uhr war er wieder daheim.

Während er seinen Garten betrat, fühlte er sich einerseits wie ein Mörder, dem es endlich gelungen war, den Leichnam loszuwerden, und andererseits wie die biblischen Kinder Schadrach, Meschach und Abednego beim Verlassen des Feuerofens. Ihm war, als habe man ihm eine große Last von den Schultern genommen. In seiner Jugend war es einmal geschehen, dass er sich während eines Footballspiels auf den Ball fallen lassen musste, wodurch er augenblicklich zum Fundament einer Pyramide geworden war, die aus ihm und acht muskelbepackten Mitgliedern der gegnerischen Mannschaft mit spitzen Ellenbogen und Stollenstiefeln bestanden hatte. Selbst nach all den Jahren, die seitdem vergangen sind, kann er sich noch an das Gefühl der Erleichterung und der

Leichtigkeit erinnern, als sich die menschliche Masse von seiner Lendenwirbelsäule hob. Dieselbe Leichtigkeit und Erleichterung empfand er auch jetzt. Ich weiß nicht, ob er tatsächlich ein Liedchen anstimmte, aber es würde mich nicht überraschen, wenn dem so gewesen wäre.

Bingo ist einer von den Menschen, die immer wieder lächelnd aufstehen. Man kann sie in Grund und Boden stampfen, doch sie kommen stets zurück. Unverwüstlich, ist, glaube ich, das treffende Wort. Und nun fand er, dass die Zukunft zwar nicht unbedingt strahlend aussah, aber sich doch recht annehmbar entwickelte. Noch verschwommen, aber langsam schärfer werdend, bildeten sich in seinem Kopf die Konturen einer Geschichte heraus, die erklären mochte, was mit den zehn Pfund für Boddington und Biggs geschehen war. Die Einzelheiten mussten noch ein wenig angepasst werden, aber die grundlegende Struktur war bereits vorhanden. Was die Angelegenheit am Charing Cross betraf, war er entschlossen, alles strikt zu leugnen. Vielleicht kam er damit durch, vielleicht nicht, aber es war zumindest einen Versuch wert. In jedem Fall war er das Pekinesenproblem los.

Auf Zehenspitzen, den Hut an der Kopfseite, näherte Bingo sich dem Haus. In diesem Augenblick strich etwas mit einem fröhlichen Gurgeln gegen sein Bein, und als er herabsah, entdeckte er den Pekinesen. Dieser hatte Bingo offenbar ins Herz geschlossen und sich die Tatsache zunutze gemacht, dass Bingo Purkiss' Gartentor nicht wieder richtig verschlossen hatte.

Und während Bingo wie angewurzelt dastand und das anhängliche Tier matt anstarrte, kam Bagshaw herbei.

»Dürfte ich fragen, Sir«, sagte Bagshaw, »ob Sie zufällig die Telefonnummer des Hauses kennen, in dem Mrs Little zurzeit residiert?«

»Warum?«, fragte Bingo geistesabwesend, den Blick immer noch auf den Hund geheftet.

»Mrs Littles Freund, Mr Purkiss, rief vor einer Weile an und wünschte sie zu wissen. Er müsse sie unbedingt anrufen, sagte er.«

Die Mattigkeit, die Bingo bei der Entdeckung des Hundes überkommen hatte, war nichts verglichen mit der Kraftlosigkeit, mit der er nun den Butler anblickte. Die Erwähnung des Namens hatte seine Erinnerung zurückgeholt und alle Jellabys und Winterbottoms verscheucht, die seine Gedankengänge verstopft hatten.

»Purkiss?«, stieß er hervor und schwankte. »Sagten Sie Purkiss?«

»Ja, Sir.«

»Er hat hier angerufen?«

»Ja, Sir.«

»Und er wollte mit Mrs Little sprechen?«

»Ja, Sir.«

»Wollte er … wollte Mr Purkiss … hat er … hat Mr Purkiss … hat Mr Purkiss den Eindruck vermittelt, er habe etwas auf dem Herzen?«

»Ja, Sir.«

»Er wirkte erregt?«

»Ja, Sir.«

»Und Sie haben dem entnommen … Sie schließen daraus, dass er sich dringend mit Mrs Little unterhalten will?«

»Ja, Sir.«

Bingo holte tief Luft.

»Bagshaw«, sagte er. »Bringen Sie mir Whisky und Soda. Einen großen Whisky Soda. Einen mit nicht zu viel Soda darin, dafür aber mehr Whisky. Ach, lassen Sie das Soda gleich ganz weg.«

Er brauchte die Stärkung dringend und verlor, als sie kam, keine Zeit, sie sich zuzuführen. Je länger er über Purkiss' Anruf nachdachte, umso düsterer erschien ihm die Bedeutung.

Purkiss hatte mit Mrs Bingo telefonieren wollen. Er hatte erregt gewirkt. Diese Fakten ließen nur eine einzige Deutung zu. Bingo erinnerte sich, dass er den Hut irgendwo im Gebüsch hatte liegen lassen. Wahrscheinlich hatte Purkiss ihn gefunden, die Initialen im Hutband entdeckt und seine Schlüsse daraus gezogen und versuchte nun, Mrs Bingo zu fassen zu kriegen, um ihr die ganze Geschichte brühwarm zu erzählen.

Es gab nur eins, das er tun konnte. Bingo wollte es nicht, aber er sah keine Alternative. Er musste Purkiss aufsuchen, ihm alles erklären und ihn anflehen, Gnade walten zu lassen und als Gentleman und Sportsmann, der er war, nichts von den unglücklichen Ereignissen an die Öffentlichkeit dringen zu lassen. Sorgen bereitete ihm allerdings der ernsthafte Zweifel, ob Purkiss denn tatsächlich Sportsmann und Gentleman war. Der äußere Eindruck des Mannes bei ihrer bisher einzigen Begegnung hatte ihm nicht besonders gefallen. In der Rückschau schien es ihm, als habe Purkiss genau denselben strengen, unnachgiebigen Blick in seinen Augen gehabt, mit dem der Buchmacher Bingo immer dann bedachte, wenn Bingo ihn zu überreden versuchte, ihm noch einmal Kredit zu gewähren.

Dennoch musste es getan werden, und Bingo begab sich unverzüglich zum Purkiss'schen Haus. Der Butler führte ihn ins Wohnzimmer.

»Mr Little«, kündigte er an und ging. Und Bingo stählte sich gegen das, was kommen mochte.

Er sah auf einen Blick, dass Purkiss es ihm nicht leicht machen würde. Nichts in seiner Haltung verriet den gastfreundlichen Hausbesitzer, der den Überraschungsbesuch willkommen heißt. Er hatte an der geöffneten Fenstertür gestanden und hinausgeblickt, fuhr aber bei der Ankündigung beängstigend schnell herum und fixierte Bingo mit einem hasserfüllten Blick – der verständliche Hass eines braven Mannes auf die Person, die seinen Pekinesen mit stinkenden Käse fortgelockt hatte. Und Bingo war sich bewusst, dass er, falls er diese Geschichte wenigstens zu einem halbwegs guten Ende führen wollte, so charmant und faszinierend sein musste wie nie zuvor.

»Nun?«, fragte Purkiss.

Bingo setzte tapfer an, sofort alles einzugestehen.

»Ich bin wegen des Pekinesen gekommen«, sagte er.

Und in diesem Augenblick und bevor er noch mehr sagen konnte, drang durch seine Luftröhre eine fremde Substanz – vielleicht eine Fliege, eine Mücke oder auch eine kleine Motte –, wischte ihm jedes Wort von den Lippen und zwang ihn, wie der Teufel zu husten. Und während er hustete, sah er, wie Purkiss eine beinahe verzweifelte Geste machte.

»Das habe ich erwartet«, sagte er.

Bingo konnte noch immer nur husten.

»Ja«, fuhr Purkiss fort, »und ich habe es gefürchtet. Sie haben recht. Ich habe den Hund gestohlen.«

Inzwischen hatte Bingo sich mehr oder weniger mit dem fremden Getier auseinandergesetzt, doch sprechen konnte er noch immer nicht. Nun war es das Staunen, das ihm die Stimme raubte. Purkiss sah aus wie eine Filmfigur, die mit dem Diebesgut erwischt worden war. Sein Blick war nicht länger drohend. Es lag etwas Gequältes in seinen Augen.

»Sie sind ein verheirateter Mann, Mr Little«, sagte er, »Sie können es vielleicht verstehen. Meine Frau weilt bei einer kranken Tante in Tunbridge Wells. Kurz bevor sie abreiste, kaufte sie einen Pekinesen. Diesen vertraute sie mir an und ermahnte mich eindringlich, ihn niemals ohne Leine aus dem Haus zu lassen. Gestern Abend, als das Tier sich doch nur ein kurze Weile im Garten aufhalten sollte, ließ ich in meiner Vorsicht nach. Ich erlaubte ihm, allein umherzulaufen. Und ich sah es nie wieder.«

Er schluckte hart. Bingo atmete heftig. Purkiss fuhr fort.

»Er war verschwunden, und ich kam zu dem Schluss, dass meine einzige Chance darin bestand, sofort einen Ersatz von größtmöglicher Ähnlichkeit zu besorgen. Den ganzen Tag verbrachte ich heute damit, die Hundehändler aufzusuchen, doch vergebens. Schließlich fiel mir wieder ein, dass Mrs Little gleich mehrere Exemplare dieser Hunderasse besaß, die alle, wie ich mich zu erinnern glaubte, genauso aussahen, wie der eine, den ich verloren hatte. Ich hoffte, dass sie mir vielleicht einen verkaufen würde.«

Er seufzte.

»Heute Abend«, sprach er weiter, »ging ich zu Ihrem Haus,

nur um herauszufinden, dass sie auf Reisen war und ich sie nicht telefonisch erreichen konnte. Und es ist sinnlos, ihr ein Telegramm zu schicken, da meine Frau bereits morgen zurückkehrt. Also wandte ich mich zum Gehen, und als ich am Tor ankam, sprang etwas gegen mein Bein. Es war ein Pekinese, Mr Little, und zwar einer, der ein Zwillingsbruder von dem hätte sein können, der mir abhanden gekommen war. Und da konnte ich nicht mehr widerstehen.«

»Sie haben ihn gestohlen?«, rief Bingo schockiert aus.

Purkiss nickte. Bingo schnalzte mit der Zunge.

»Ein bisschen stark, Purkiss«, sagte er ernst.

»Ich weiß, ich weiß. Ich bin mir der Schändlichkeit meiner Tat voll bewusst. Meine einzige Entschuldigung lautet, dass ich nicht ahnte, beobachtet zu werden.« Er seufzte erneut, diesmal schwerer. »Das Tier ist in der Küche und nimmt eine leichte Mahlzeit zu sich. Ich werde dem Butler klingeln, dass er Ihnen den Hund bringt. Aber bei dem Gedanken, was meine Frau sagen wird, schaudert mir«, schloss der Mann und tat es.

»Sie nehmen an, dass sie furchtbar traurig sein wird, wenn sie zurückkommt und keinen Pekinesen mehr vorfindet, den sie an ihre Brust drücken kann?«

»Ja, das tue ich.«

»Nun, in diesem Fall, Purkiss«, sagte Bingo und klopfte dem Mann auf die Schulter, »behalten Sie das Tierchen.«

Bingo hat mir erzählt, dass er sehr gerne an sich in diesem Augenblick zurückdenkt: Er muss ausgesprochen großmütig, sanft, freundlich und gelassen gewirkt haben. Purkiss, dessen ist er sich sicher, müsse es vorgekommen sein, als sei er einem Engel in Menschengestalt begegnet.

»Behalten?«

»Unbedingt.«

»Aber Mrs Little …?«

»Haben Sie keine Sorge. Meine Frau kann sich nie merken, wie viele Pekinesen sie tatsächlich besitzt. Solange ein gewisses Kontingent um sie herumtollt, ist sie zufrieden. Im Übrigen«, Bingo legte einen Hauch Vorwurf in seine Stimme, »wird sie ganz andere Dinge im Sinn haben, wenn sie zurückkehrt. Sehen Sie, Purkiss, sie hatte sich so sehr gewünscht, mich als Herausgeber von *Kleine Rangen* zu sehen. Sie wird nicht glücklich sein, wenn sie von Ihrer Einstellung zu diesem Thema hört. Sie wissen ja, wie Frauen so sind.«

Purkiss hustete. Er warf Bingo einen Blick zu und erbebte. Dann sah er ihn ein zweites Mal an und erbebte erneut. Bingo kam zu dem Schluss, dass im Inneren des anderen ein zäher Kampf stattfand.

»Wollen Sie denn *Kleine Rangen* herausgeben, Mr Little?«, sagte er schließlich.

»Das will ich.«

»Sicher?«

»Ja.«

»Ich hätte gedacht, dass ein junger Mann von Ihrer Stellung zu beschäftigt sein müsse …«

»Oh, nein. Die Zeit kann ich mir nehmen.«

Ein Hauch Hoffnung schlich sich in Purkiss' Gebaren.

»Die Arbeit ist hart.«

»Zweifellos bekomme ich fähige Assistenten.«

»Der Lohn«, sagte Purkiss wehmütig, »ist nicht hoch.«

»Ich sag Ihnen was«, erwiderte Bingo fröhlich, »erhöhen Sie ihn!«

Purkiss warf ihm wieder einen Blick zu und erbebte zum dritten Mal. Doch dann triumphierte sein besseres Ich.

»Nun – dann würde ich mich freuen, wenn Sie die Stelle als Chefredakteur von *Kleine Rangen* annähmen.«

Bingo klopfte ihm erneut auf die Schulter. »Wunderbar, Purkiss. Ganz wunderbar. Und nun nur noch die Frage, wie es mit einem kleinen Vorschuss auf das Gehalt aussieht …«

Hundekuchen

Der Ehrenwerte Frederick Threepwood war eine seltene Frohnatur. In diesen Tagen aber schien ihn etwas zu bedrücken. Mit gerunzelter Stirn und hängenden Schultern streifte er durch die Gartenanlagen von Schloss Blandings, blind für die Schönheit der Blumenpracht. Es war Hochsommer. Kalzeolarien und Lobelien, die seinem Vater Lord Emsworth täglich überschwängliche Entzückungsrufe entlockten, ließen Freddie kalt wie die sibirische Tundra.

Der Kummer, der Freddie quälte, war Tante Georgianas mangelnde Aufgeschlossenheit in Sachen Hundekuchen. Seit Freddie mit der einzigen Tochter des Hundekuchenmillionärs Donaldson aus Long Island, New York, verheiratet war, setzte er sich mit allem gebotenen Eifer für die Firma seines Schwiegervaters ein. Und nachdem er nach England geschickt worden war, um in seinem Heimatland für Donaldsons *Dog Joy* einen weiteren Absatzmarkt zu erschließen, suchte er Tante Georgiana umzustimmen. Lady Alcester war als Besitzerin von vier Pekinesen, zwei Spitzen, einem Yorkshireterrier, fünf Sealyhamterriern, einem Barsoi und einem Airedale eine Frau, deren Wort in Hundehalterkreisen etwas galt. Sie auf seine Seite zu ziehen würde für »Hundefreude« mehr Kunden bedeuten als eine große Werbekampagne in der »Times«. Sein Schwiegervater würde sich freuen, und das bedeutete für Freddie klingende Münze, denn der alte Donaldson war kein Geizkragen.

Aber trotz Freddies Beredsamkeit zog Lady Alcester es vor, ihre Lieblinge weiterhin mit dem minderwertigen Hundefutter der Firma Peterson zu vergiften.

Er schnaubte laut und verächtlich, woraufhin er prompt eine Antwort bekam. Er war nämlich nicht mehr allein. Seine Base Gertrude hatte sich zu ihm gesellt.

»Hallo«, begrüßte Freddie sie freundlich. Er mochte nämlich seine Base und ließ sie nicht fühlen, wie sehr er ihre Mutter verachtete, weil sie unfähig war, hochwertigen von minderwertigem Hundekuchen zu unterscheiden. Mit Gertrude stand er schon immer in einem herzlichen Einvernehmen, das sich seit seinem tatkräftigen Einsatz für Beefy Bingham noch gesteigert hatte. Dank Freddies Hilfe war Gertrudes Verlobung mit Hochwürden Rupert Bingham zustande gekommen, und eigentlich stand einer baldigen Verehelichung nichts mehr im Wege.

»Freddie«, sagte Gertrude, »kannst du mir vielleicht dein Auto leihen?«

»Selbstverständlich kannst du es haben. Willst du zu Beefy hinüberfahren?«

»Nein.« Gertrude schüttelte den Kopf. Wenn Freddie ein besserer Beobachter gewesen wäre, hätte er bemerken müssen, dass Gertrude die Frage peinlich war. »Mr Watkins hat mich gebeten, ihn nach Shrewsbury zu fahren.«

»Nun, dann viel Spaß. Mir soll es gleich sein. Deine Mutter hast du wohl nicht zufällig gesehen?«

»Doch, sie sitzt drüben auf dem Rasen.«

»So? Nun ja, danke und mach's gut.«

Er schlenderte in die angegebene Richtung und fand bald seine Tante. Der Airedale lag zu ihren Füßen, einer der Pekinesen auf ihrem Schoß. Sie starrte nachdenklich in die Ferne, als ob sie ebenfalls Sorgen hätte.

Und in diesem Fall trog der Schein nicht. Lady Alcester fühlte sich beunruhigt.

Natürlich muss eine Frau, die für vierzehn Hunde zu sorgen hat, notgedrungen den einen oder anderen Kummer haben. Aber diesmal waren es nicht ihre vierbeinigen Lieblinge, die an ihrer sorgenvollen Miene schuld waren, sondern das seltsame Benehmen ihrer Tochter Gertrude.

Gertrude, die, wie wir wissen, seit kurzer Zeit mit Hochwürden Rupert Bingham verlobt war, hatte nämlich ihre Meinung geändert und sich Hals über Kopf in einen anderen Mann verliebt. Der neue Schwarm war der junge Schlagersänger Orlo Watkins, den Lady Constance Keeble, Lord Emsworth' und Lady Georgiana Alcesters Schwester, zu einem längeren Aufenthalt auf Schloss Blandings eingeladen hatte.

In Bezug auf Hochwürden Rupert Bingham hatte Lady Alcester längst ihre Meinung geändert. Seit sie erfahren hatte, dass er der Neffe und einzige Erbe eines steinreichen Reeders in Liverpool sei, und nachdem Bingham auch noch die Pfründe in Much Matchingham bekommen hatte, zeigte sie ihre unverhohlene Freude über diese Verbindung und quartierte sich mit Gertrude im Schloss ein, damit sich die jungen Leute regelmäßig sehen konnten.

Aber nun war jener Schnulzensänger Orlo Watkins aufgetaucht, und Gertrude schien nur noch Augen und Ohren für ihn zu haben.

Jeder von uns weiß, wie sich solche Sänger in die Herzen der jungen Mädchen hineinsingen. Sie sitzen am Flügel, sehen den Mädchen tief in die Augen und singen von Liebe, Glück und Mondenschein. Und ehe man sich's versieht, schmelzen die jungen Dinger dahin wie der Schnee im Frühling, vergessen ihre seriösen Verlobten und brennen mit so einem Strolch durch.

Wenn eine Mutter in einer solchen Situation nicht das Grauen packt, dann muss sie eine Frau sein, die sich auch vor dem Teufel nicht fürchtet.

Lady Alcester jedenfalls hatte das Grauen so anhaltend gepackt, dass ihr trotz der sommerlichen Hitze kalte Schauer über den Rücken liefen. Doch plötzlich wurde sie durch einen ohrenbetäubenden Lärm aus ihren düsteren Gedanken aufgeschreckt. Der Pekinese und der Airedale bellten gleichzeitig, und als sie aufsah, fiel ihr Blick auf ihren Neffen Frederick, der über den Rasen auf sie zugeschlendert kam.

Sie schauderte erneut, denn in Freddies Miene hatte sie den vertrauten Hundekuchenvertreterblick gesehen. Aber diesmal wollte sie den aufdringlichen Neffen erst gar nicht zu Wort kommen lassen, beschloss sie, sondern ihn gleich auf ein anderes Thema ablenken.

»Hast du Gertrude gesehen, Freddie?«, fragte sie.

»Ja. Sie hat sich mein Auto ausgeliehen, um nach Shrewsbury zu fahren.«

»Allein?«

»Nein, mit Watkins, der Heulboje.«

Lady Alcester schüttelte sich angewidert. »Freddie«, sagte sie, »ich mache mir große Sorgen.«

»Sorgen?«

»Ja, wegen Gertrude.«

Freddie winkte mit großzügiger Geste ab. »Wegen Gertrude brauchst du dir keine Sorgen zu machen«, sagte er, »sondern wegen deiner Hunde. Hast du noch nicht bemerkt, wie nervös sie sind? Sie sind die reinsten Nervenbündel. Wie sie mich gerade angebellt haben … Ich sage dir, Tante Georgiana, du ernährst sie falsch. Diesem Hundefutter von Peterson fehlen die wichtigsten Vitamine. Ich kann nur wiederholen, was ich heute früh schon sagte, beste Tante, und dir etwas Besseres anbieten … «

»Kannst du ihr nicht einmal ins Gewissen reden, Freddie?«

»Wem?«

»Gertrude.«

»Ja, das könnte ich. Weshalb aber eigentlich?«

»Sie kümmert sich zu viel um diesen Watkins.«

»Das tun wir letztlich alle, wenn wir mehr als einmal mit ihm reden.«

»Sie scheint vergessen zu haben, dass sie mit Rupert Bingham verlobt ist.«

»Mit Rupert Bingham, ja!« Freddie wurde plötzlich sehr lebhaft. »Ich werde dir mal etwas sagen, liebe Tante. Rupert hat einen Hund, der von klein auf mit Donaldsons *Dog Joy* ernährt wurde. Dank der knochenaufbauenden Substanzen in Donaldsons *Dog Joy* strotzt der Kerl vor Gesundheit. Er ist sehr stark, und seine Augen funkeln vor Lebenslust. Ich möchte seinem Herrn ein ganz besonderes Lob spenden.«

»Von Ruperts Hund einmal abgesehen … «

»Von diesem Prachtkerl kann niemand absehen! Er ist ein Hund, der zählt. Und das nur, weil er mit Donaldsons Hundekuchen ernährt wird.«

»Ich habe keine Lust, mich schon wieder über Hundekuchen zu unterhalten.«

»Aber ich, liebe Tante. Du kannst dir gar nicht vorstellen, wie wir in Amerika für Hundekuchen werben. Donaldsons Hundekuchen ist nicht nur reich an Vitaminen und knochenaufbauenden Substanzen, Donaldsons *Dog Joy* schmeckt auch fabelhaft. Ein Mann tritt vor das Publikum, bricht ein Stück Hundekuchen ab und verzehrt es laut schmatzend vor der johlenden Menge. Donaldsons Hundekuchen ist ein Genuss für jeden Feinschmeckergaumen … «

»Freddie, bitte!«

»Ja, ein Hochgenuss für jeden Hund. Dabei wird das Tier größer und stärker. Ich werde dir gleich mit einem Stück Hundekuchen demonstrieren, wie gut Donaldsons *Dog Joy* auch Menschen schmeckt.«

Vor den Augen seiner entsetzten Tante zog Freddie einen Hundekuchen der Firma Donaldson aus der Tasche, brach ein Stückchen ab und schob es in den Mund.

Die Demonstration wäre zweifellos gelungen und hätte vielleicht ihre Wirkung nicht verfehlt, wenn Freddie die Rolle des Hundekuchenfeinschmeckers besser beherrscht hätte. Unzählige Male hatte er gesehen, wie erfahrene Werbeleute vor einem begeisterten Publikum die Hundekuchenbröckchen verspeist hatten. Leider aber war ihm verborgen geblieben, dass jene Experten vorher mit verschiedenen Teppichresten, Eisenspänen und Kohlestückchen geübt hatten. So musste es zur Katastrophe kommen. Freddie schluckte und würgte, Tränen traten in seine Augen, und beinahe wäre er an dem Hustenanfall, der ihn minutenlang schüttelte, erstickt. Als seine Augen wieder klar waren und er sich umsah, musste er feststellen, dass er allein war. Das Schloss stand noch da, auch der Rasen und die Blumen hatten sich nicht verändert, nur Lady Alcester und ihre Hunde waren verschwunden.

Wen aber einmal das Werbefieber gepackt hat, den lässt es so schnell nicht wieder los. Freddie dachte nicht daran aufzugeben. So kam es, dass eine knappe Stunde später die Haushälterin im Pfarrhaus von Much Matchingham Hochwürden Rupert Bingham einen Gast meldete. Es war der Ehrenwerte Freddie Threepwood, der noch recht mitgenommen aussah, als er das Arbeitszimmer seines Freundes betrat.

»Hallo, Beefy«, sagte er. »Ich wollte dich bitten, mir Bottles zu leihen.« Er beugte sich zu dem Hund hinunter und streichelte ihn liebevoll.

Bottles wedelte vergnügt mit dem Schwanz. Er war ein liebenswürdiger Hund, auch wenn seine Abstammung völlig im Dunkeln lag. Seine Mutter ist wohl eine liebeshungrige Dorfschönheit gewesen, und für die Vaterschaft hätte man sicherlich sämtliche größeren Hunde der Umgebung zur Verantwortung ziehen können.

»Hallo, Freddie«, begrüßte Hochwürden Rupert Bingham seinen Freund. Der junge Pfarrer sah nachdenklich aus. Er runzelte die Stirn.

»Nimm dir einen Stuhl«, sagte er.

»Ich lege mich lieber aufs Sofa«, beschloss Freddie und tat es. »Das war ein ganz schöner Fußmarsch. Ich bin ziemlich erschöpft.«

»Wieso? Was ist mit deinem Auto?«

»Gertrude hat es sich ausgeliehen, um mit Watkins nach Shrewsbury zu fahren.«

Hochwürden Rupert Bingham starrte nachdenklich vor sich hin. Sein großflächiges, rosiges Gesicht sah bekümmert aus. Sein riesiger Athletenkörper, den Freddie in Oxford immer bewundert hatte, schien zusammengeschrumpft zu sein.

»Irgendetwas nicht in Ordnung?«, fragte Freddie den Freund. Anstelle einer Antwort reichte Hochwürden Rupert Bingham Freddie einen Brief.

»Lies das.«

Freddie erkannte, dass es sich um eine Mädchenhandschrift handelte. »Von Gertrude?«

»Ja. Der Brief kam heute Vormittag. Nun? Was hältst du davon?«

Freddie überflog die Zeilen und gab das Schreiben zurück. Er sah seinen Freund betroffen an. »Ich glaube, dass dieser Singvogel dahintersteckt«, sagte er.

»Das glaube ich auch.«

»Es steht so viel Blödsinn drin – *wir sollten uns noch einmal prüfen* und *kommen mir Zweifel an unserer Liebe* –, aber ich glaube trotzdem, dass es in Wirklichkeit der komische Singvogel ist.«

»Ich verstehe es einfach nicht.«

Freddie setzte sich auf. »Aber ich verstehe es jetzt ganz gut«, sagte er. »Ich weiß jetzt, weshalb Tante Georgiana besorgt war. Ihre Furcht war also durchaus begründet. Der Kerl hat dir Gertrude ausgespannt.«

»Meinst du, dass Gertrude Watkins liebt?«

»Allerdings. So eine Heulboje lieben alle Mädchen. Diese Kerle sollen verdammt viel Charme haben.«

»Ich habe an dem Burschen nichts Charmantes entdecken können. Auf mich wirkt er eher fad.«

»Das mag sein. Aber Mädchen fliegen nun mal auf Männer, die singen können.«

Hochwürden Rupert Bingham atmete schwer.

»Hm.«

»Das Schlimme ist, Beefy«, fuhr Freddie fort, »dass Watkins etwas von Romantik versteht, du aber nicht. Dein bester Freund wird dir nicht nachsagen, dass du romantisch bist. Ein biederer, ehrlicher Charakter, das ja, aber kein Romantiker.«

»Also meinst du auch, dass man in diesem Fall kaum etwas ändern kann?«

Freddie überlegte. »Gib dich doch auch ein bisschen romantisch.«

»Aber wie?«

»Fang meinetwegen ein entlaufenes Pferd ein.«

»Wo ist eines?«

»Ja, wo? Das ist die Schwierigkeit dabei.«

Sie schwiegen eine ganze Weile.

»Nun, wie dem auch sei, leihst du mir Bottles?«

»Wozu?«

»Zu Werbezwecken. Ich möchte ihn meiner Tante Georgiana vorführen, damit sie sieht, wie kräftig ein Hund wird, wenn er regelmäßig mit Donaldsons *Dog Joy* gefüttert wird. Du kannst dir nicht vorstellen, Beefy, wie schwierig diese Frau ist. Ich habe es mit den neuesten Methoden der Werbetechnik versucht – ohne Erfolg. Aber ich meine, wenn ich ihr

Bottles vorführe, damit sie ihm einmal in die Rippen greift und sich selbst von seinen Muskelpaketen überzeugt, dass sie dann endlich weich wird. Auf jeden Fall ist es einen Versuch wert. Ich darf ihn doch mitnehmen, nicht wahr?«

»Selbstverständlich.«

»Danke. Ich werde mich auch, was deinen Kummer angeht, erkenntlich zeigen. Kommst du heute Abend nach dem Dinner vorbei?«

»Wahrscheinlich.«

Die Nachricht, dass ihre so leicht entflammbare Tochter Gertrude mit dem Windhund von Watkins in einem Zweisitzer unterwegs war, beunruhigte Lady Alcester aufs Äußerste. Als sie eine Stunde, nachdem Freddie vom Pfarrhof in Much Matchingham den Heimweg angetreten hatte, auf der Terrasse von Schloss Blandings saß, quälten sie noch immer die Sorgen.

Der Airedale war allein zu einem Spaziergang aufgebrochen, nur ein Pekinese lag schlummernd auf ihrem Schoß. Sie beneidete den kleinen Kerl um seine sorglose Ruhe. Für sie sah die Zukunft düster aus. Sie konnte sich nicht einmal über die Schönheit der Natur freuen.

Ein Umstand allerdings verschaffte ihr eine gewisse Erleichterung. Ihr Neffe Frederick war verschwunden. Andere Plagen waren geblieben, wie Fliegen und Mücken. Frederick aber schien Schloss Blandings und seiner herrlichen Umgebung den Rücken gekehrt zu haben.

Aber plötzlich musste die arme Frau erkennen, dass sie sich in diesem Fall leider geirrt hatte. Er hinkte zwar ein wenig, als ob ihn die Schuhe drückten, aber er kam unverdrossen auf seine Tante zu. An seiner Seite trottete ein Tier, das man dem äußeren Eindruck nach als Hund hätte bezeichnen können.

»Hallo, Tante Georgiana. Da bin ich wieder.«

»Nun, Freddie?«

Lady Alcester seufzte.

Der Pekinese blinzelte den jungen Mann mit einem halb geöffneten Auge an, kämpfte einen Moment lang vergeblich gegen die Müdigkeit an und entschloss sich, statt zu bellen weiterzuschlafen.

»Das ist Bottles«, stellte Freddie vor.

»Wer?«

»Bottles. Ich habe vorhin von ihm gesprochen. Sieh dir nur an, wie kräftig er ist.«

»Ich habe meinen Lebtag noch keinen solchen Bastard gesehen.«

»Ein gutes Herz ist mehr wert als eine Krone«, dozierte Freddie. »Einen Stammbaum hat Bottles natürlich nicht, das soll dich aber nicht weiter kümmern. Dank Donaldsons *Dog Joy* ist er trotz obskurer Abstammung ein kräftiger und überaus mutiger Hund geworden. Du solltest ihn nur einmal sehen, wie er im Stall auf Rattenjagd geht. Dann würdest du deine Meinung sofort ändern.«

Freddie hätte seine Lobrede auf Bottles zweifellos noch etwas länger ausgedehnt, wenn nicht ein unglücklicher Zwischenfall, der dazu angetan war, seine Worte Lügen zu strafen, dem Gespräch eine andere, für Freddie peinliche Wendung gegeben hätte.

Bottles hatte, während sich Freddie mit Tante Georgiana unterhielt, die nähere Umgebung erkundet, an Bäumen geschnüffelt und sich einige Male durch Rollübungen Bewegung verschafft. Dann aber entdeckte er das seltsame Spielzeug auf dem Schoß von Tante Georgiana.

Er kam näher und schnupperte. Es roch wie ein Hund, und zu seiner großen Überraschung hüpfte es behänd vom Schoß der Dame herunter, jagte in höchster Erregung laut schimpfend um ihn herum und schien sich dann auf ihn stürzen zu wollen.

Bottles war im Umgang mit Schoßhunden unerfahren. Er betrachtete das bellende Flauschding einen Augenblick ganz verdutzt, zog dann den Schwanz ein und suchte sein Heil in der Flucht.

Freddie war zunächst verblüfft, bald aber sehr bekümmert, denn Lady Alcester überschüttete ihn mit Hohn und Spott. Wenn Donaldsons *Dog Joy* aus Hunden Feiglinge mache, dann könne sie nur froh sein, ihren vortrefflichen Tieren diese Kost erspart zu haben.

»Ein Glück nur, dass Susan keine Ratte ist«, mokierte sie sich. »Dein armseliger Bastard wäre sonst einem Herzschlag erlegen.«

»Bottles ist besonders mutig, wenn es Ratten zu jagen gilt«, erwiderte Freddie missmutig. »Geh doch mit zu den Ställen, dann kannst du ihn mal von der richtigen Seite kennenlernen.«

»Ich habe genug gesehen, vielen Dank.«

»Du kommst also nicht mit zu den Ställen?«

»Nein. Ich denke nicht daran.«

»In dem Fall kann ich den Hund ja gleich wieder zum Pfarrhof zurückbringen.«

»Zu welchem Pfarrhof?«

»Nach Much Matchingham.«

»Ist das Ruperts Hund?«

»Ja.«

»Also hast du Rupert gesehen?«

»Selbstverständlich.«

»Hast du ihn vor Watkins gewarnt?«

»Das war nicht mehr nötig. Gertrude hat Rupert bereits geschrieben und ihm den Laufpass gegeben.«

»Was?«

»Ja. Sie hat zwar nur allgemeinen Blödsinn geschwafelt, dass sie sich noch einmal prüfen müssten, ob sie sich wirklich liebten, aber wenn du mich fragst, so meine ich, dass dieser Süßholzraspler dahintersteckt. Um auf Bottles zurückzukommen, Tante Georgiana, so hoffe ich, dass du ihm noch eine Chance gibst. Dein Pekinese muss für ihn etwas so völlig Neues gewesen sein, dass er nicht wusste, wie er sich verhalten sollte. Du musst ihn unbedingt einmal im Kampf mit Ratten sehen.«

»Freddie … «

»Ja?«

»Wie kannst du nur über diesen verdammten Köter sprechen, wenn Gertrudes Zukunft auf dem Spiel steht? Es ist sehr wichtig, dass wir sie vor einer großen Dummheit bewahren … «

»Ich werde ein Wörtchen mit ihr reden, wenn du denkst, dass es hilft. Allerdings meine ich, dass es viel zu spät ist. Dieser Watkins hat sich längst in ihr Herz gejault. Trotzdem werde ich es versuchen. Aber jetzt musst du mich entschuldigen, Tante Georgiana.«

Erst um die Stunde des Aperitifs fand Freddie Gelegenheit, mit Gertrude allein zu sprechen. Nachdem er sich gekämmt und frisch gemacht hatte, war er in den Salon heruntergekommen, wo Gertrude am Flügel saß und gefühlvolle Weisen spielte. Dabei erinnerte er sich an sein Versprechen.

»Gertrude, was soll der ganze Quatsch? Ich meine den Unsinn, den du über dich und Beefy von dir gegeben hast?«

Das Mädchen errötete.

»Hast du Rupert gesehen?«

»Ja. Ich habe ihn heute Nachmittag besucht. Er hat mir alles erzählt.

»So?«

»Ja. Es bedrückt ihn ziemlich.«

»So?«

»Ja«, sagte Freddie. »Der arme Kerl. Die Geschichte nimmt ihn sehr mit. Ich kann es ihm nicht verdenken. Schließlich ist es wirklich nicht angenehm, wenn die Verlobte mit einem dahergelaufenen Schlagersänger durchbrennt. Was findest du nur an diesem Watkins? Was ist an ihm so attraktiv? Seine Krawatten wohl kaum, denn die sind scheußlich, wie seine übrige Ausstattung. Er scheint sich im Leihhaus einzukleiden. Und dann noch dieser ungepflegte Backenbart! Du willst mir doch nicht weismachen, dass du einen prächtigen Mann wie Beefy gegen eine bärtige Grasmücke eintauschen möchtest?«

Es entstand eine Pause. Gertrude spielte wieder ein paar gefühlvolle Takte.

»Die Sache geht dich nichts an«, sagte sie. »Kümmere dich um deine eigenen Angelegenheiten.«

»Verzeihung, meine Liebe, Verzeihung!«, rief Freddie aufgebracht. »Aber es durfte mich etwas angehen, als du dir vor Sehnsucht nach Beefy die Augen rot geheult hast. Ohne mich hätte es keine Verlobung gegeben, wie du dich vielleicht erinnerst. Deshalb geht es mich auch jetzt sehr wohl etwas an, ob du dein Glück mit Füßen treten willst. Ich fühle mich in dem Fall wie ein Schutzengel, der dich vor einer Dummheit bewahren muss ... Natürlich verstehe ich deine Gefühle«, sagte er etwas milder. »Du bist dem Zauber dieses romantischen Schwärmers erlegen. Beefy ist dir plötzlich zu solide, zu seriös ... Aber das eine sage ich dir, Mädchen ... «

»Nenn mich nicht immer Mädchen.«

»Also bedenke, altes Haus«, korrigierte sich Freddie, »Beefy ist eine ehrliche Haut, ein Mann, auf den du dich verlassen kannst. Watkins hingegen ist ein Typ, der vor der kleinsten Schwierigkeit davonrennt. Wenn es zu spät ist, wirst du angerannt kommen und dich bei mir ausheulen wollen. *Warum hast du mich nicht gewarnt?* wirst du jammern und von mir Trost erwarten ... «

»Ach was, lass mich in Frieden und kümmere dich um deinen Hundekuchen!«

Gertrude wandte sich wieder den Tasten zu. Ihre Lippen fest aufeinandergepresst, spielte sie weiter.

Freddy betrachtete sie argwöhnisch. »Diese Hartnäckigkeit ist dein mütterliches Erbe«, klagte er. »Du bist genauso stur wie deine Mutter, allen vernünftigen Argumenten verschlossen. Ich soll mich um meinen Hundekuchen kümmern, sagst du? Ha, ha, dass ich nicht lache! Ich habe alles versucht, deine Mutter von der Güte von Donaldsons *Dog*

Joy zu überzeugen, leider ohne den geringsten Erfolg. Aber warte nur bis heute Abend ... «

»Es ist bereits Abend.«

»Ich meine den späten Abend. Dann werde ich noch ein Experiment starten.«

»Was für ein Experiment?«

»Warte nur ab.«

»Wieso?«

»Das wirst du schon sehen«, sagte Freddie lächelnd und zog sich zurück.

Wohltuender Friede breitete sich über das Schloss und seine Bewohner, die nach dem Dinner im Salon ihren Kaffee tranken. Einem oberflächlichen Beobachter dieser Familienidylle wäre zumindest nicht das Gegenteil aufgefallen. Lord Emsworth saß in einer Ecke und las einen dicken Wälzer über die Behandlung von gesunden und kranken Schweinen. Die eine seiner Schwestern, Lady Constance Keeble, beschäftigte sich mit einer Handarbeit. Die andere, Lady Georgiana Alcester, starrte Gertrude an. Gertrudes Blick hing an Orlo Watkins. Und Orlo Watkins' Augen waren zur Decke gerichtet, während er ein gefühlvolles Lied über Liebesglück und Rosenduft sang.

Der Ehrenwerte Freddie Threepwood war nicht zugegen. Und dieser Umstand war nach Ansicht seines Vaters an sich schon ein Grund für ein harmonisches Ausklingen des Tages.

Allerdings war die friedliche Stimmung nicht ganz so vollkommen, wie es den Anschein hatte. Unausgesprochene Probleme hinderten die Einzelnen, den herrlichen Abend, der durch die geöffneten Terrassentüren hereindrang, wirklich unbeschwert zu genießen. Lady Alcester ärgerte sich über die Art, wie Gertrude Orlo Watkins mit Blicken verschlang. Gertrude, die an ihr Gespräch mit Freddie denken musste, quälten Zweifel und Gewissensbisse. Lady Constance ärgerte sich über eine spitze Bemerkung ihrer Schwester Georgiana. Diese hatte beim Dinner angedeutet, wie idiotisch sie es finde, aufgelesene Möchtegernkünstler auf ein Schloss einzuladen. Lord Emsworth aber litt unter jener Unrast, die alte Herren befällt, wenn sie etwas über Schweine lesen wollen und mit Liedern über Rosenduft in ihrer Konzentration gestört werden.

Nur Orlo Watkins war glücklich – wenn auch nicht lange. Denn als er gerade auf den Höhepunkt seiner innigen Troubadourweise zusteuerte, störte ihn ein wütendes Hundegebell, das von draußen hereindrang. Abgesehen davon, dass er Hunde nicht ausstehen konnte und sich vor ihnen fürchtete, ärgerte ihn die unliebsame Störung seiner Darbietung.

Im nächsten Augenblick wurde die Tür aufgerissen, und Freddie Threepwood kam in den Salon hereingepoltert. Er trug einen kleinen Sack in der Hand. Begleitet wurde Freddie von Bottles, der laut bellend an dem Sack hochsprang.

Freddies Miene hatte jenen wildentschlossenen Ausdruck, der gewöhnlich bei Leuten zu finden ist, die alles – Sieg oder Niederlage – auf eine Karte setzen.

Viele junge Leute in seiner Lage hätten sich von den ablehnenden Worten einer Tante, die sich weigerte, einen Hund bei der Rattenjagd zu beobachten, zweifellos beeindrucken lassen und sich in ihre Niederlage gefügt. Aber Freddie war aus anderem Stoff.

»Tante Georgiana«, verkündete er feierlich. »Du hast es heute Nachmittag abgelehnt, mit mir zu den Ställen zu gehen, um diesen mit Donaldsons Hundekuchen hervorragend ernährten Hund von seiner besten Seite zu erleben, deshalb blieb mir nichts anderes übrig, als die Akteure mitzubringen.«

Lord Emsworth sah ärgerlich von seinem Buch auf.

»Frederick, lass das Geschwätz und bring den Hund fort.«

Lady Constance sah von ihrer Handarbeit auf.

»Frederick, wenn du hereinkommen willst, dann komm. Aber schaff erst den Hund fort.«

Lady Alcester reagierte noch unfreundlicher.

»Mach, dass du rauskommst, Freddie! Du bist eine Landplage. Und nimm diesen grässlichen Köter mit!«

Der Ehrenwerte Frederick Threepwood warf einen verächtlichen Blick auf die Runde.

»Tante Georgiana«, begann er stolz, »ich habe hier im Sack ein paar gewöhnliche Ratten mitgebracht. Wenn du die Güte hättest, auf die Terrasse hinauszutreten, wirst du ein einmaliges Schauspiel erleben und endlich deine Sturheit aufgeben.«

Auf diese Ankündigung reagierten die anwesenden Personen unterschiedlich.

Lady Alcester kreischte.

Lady Constance sprang auf und läutete.

Lord Emsworth schnaubte wütend.

Orlo Watkins wurde kreidebleich und versteckte sich hinter Gertrudes Rücken.

Gertrude aber beobachtete mit Sorgen seine Reaktion und presste die Lippen aufeinander. Ein Mädchen, das auf dem Land aufgewachsen ist, hat keine Angst vor Ratten. Watkins' Ängstlichkeit nahm sie verächtlich zur Kenntnis.

Die Tür ging auf, und Beach erschien. Eigentlich kam er, um die Kaffeetassen abzuräumen, aber wie sich herausstellte, warteten andere Aufgaben auf ihn.

»Beach!« Die schrille Stimme von Lady Constance gellte durch den Raum. »Schaffen Sie die Ratten fort!«

»Ratten, M'lady?«

»Ja, Ratten. Nehmen Sie Mr Frederick den Sack weg!«

Beach verstand. Falls er überrascht war, den jüngeren Sohn Seiner Lordschaft im Salon mit einem Sack Ratten anzutreffen, so ließ er es sich zumindest nicht anmerken. Er murmelte kurz eine Entschuldigung und nahm den zappelnden Sack, als wäre es genau die richtige Aufgabe für einen Butler.

»Und lassen Sie die verflixten Viecher nicht entkommen!«, befahl Seine Lordschaft.

»Sehr wohl, M'lord.«

Freddie war in einen Armsessel gesunken, stützte das Kinn in die Hände und starrte finster vor sich hin. Für einen strebsamen jungen Werbemann sind derart frustrierende Erlebnisse qualvoll.

Lord Emsworth wandte sich wieder seinem Buch zu.

Lady Constance nahm wieder ihre Handarbeit auf.

Lady Alcester ging wieder ihren Gedanken nach.

Orlo Watkins saß wieder am Flügel und versuchte krampfhaft, seine eben bewiesene Feigheit zu rechtfertigen.

»Ich hasse Ratten«, erklärte er. »Sie widern mich an.«

»So?«, erwiderte Gertrude spitz.

»Ich fürchte mich natürlich nicht vor ihnen, aber ich empfinde einen abgrundtiefen Ekel.«

»So?«

Gertrude sah ihren Troubadour plötzlich mit anderen Augen. Sie verglich ihn mit Rupert Bingham, der sie neulich abends erfolgreich gegen eine Fledermaus verteidigt hatte. Mit seinem riesigen Hut hatte er galanterweise das flatternde Ungeheuer in die Flucht geschlagen.

»Was halten Sie von Fledermäusen?«

»Fledermäusen?«

»Ja, von Fledermäusen. Fürchten Sie sich vor ihnen?«

»Ich mag sie nicht sonderlich«, gestand Orlo Watkins, wandte sich, um die unappetitliche Konversation zu beenden, dem Flügel zu und sang vom schönen Monat Juni und dem Duft seiner Blüten.

Während der allgemeinen Aufregung wegen der Ratten war der Hund Bottles kurz in Vergessenheit geraten. Solange er friedlich an einem Stuhlbein schnupperte, achtete niemand auf ihn. Als sich aber die Tür hinter Beach schloss und der Hund merkte, dass man ihm die versprochene Jagdbeute entführt hatte, gebärdete er sich wie ein hungriges Raubtier. Er stürzte zur Tür und kratzte wütend an ihrer Füllung. Plötzlich traf ihn ein dickes, schweres Buch in die Rippen. Es war eine Abhandlung über die Schweinezucht. Erschreckt setzte er sich neben seinen traurigen Freund Freddie.

»Schaff endlich diesen grässlichen Köter fort!«, brüllte Lord Emsworth.

Freddie erhob sich teilnahmslos. »Es ist Beefys Hund«, sagte er. »Beefy muss jeden Augenblick hier sein, dann kann er sich selbst um ihn kümmern.«

Gertrude fuhr überrascht hoch.

»Rupert kommt heute Abend hierher?«

»Ja, das hat er gesagt«, antwortete Freddie und verließ grußlos den Salon. Er hatte heute so viele Niederlagen erlebt, dass er keine Lust hatte, auf seinen Freund zu warten. Vielmehr beschloss er, mit seinem Zweisitzer nach Market Blandings zu fahren, dort ins Kino zu gehen und vor der Heimfahrt in der »Waffenschmiede« ein Bier zu trinken.

Gertrude blieb verwirrt zurück. Als sie am vergangenen Abend jenen Brief abgeschickt hatte, ahnte sie nicht, dass Rupert sich so schnell melden würde.

»Ich dachte nicht, dass Rupert noch einmal herkommen würde«, sagte sie.

»O doch. Er kommt.« Lady Alcester strahlte.

»Wie die Rose erblüh-üh-üht, steht sie vor mir und glühühüht, und die Liebe so schö-ö-ön soll immer besteh-ehehn«, sang Orlo Watkins.

Gertrude sah ihn an und stellte fest, dass sein Gesang ihr plötzlich auf die Nerven ging. Er störte sie beim Nachdenken.

Bottles war wie alle Hunde weise genug, den verlorenen Ratten nicht lange nachzutrauern, und versuchte, sich mit seiner neuen Umgebung vertraut zu machen. Er beschnüffelte zunächst Lord Emsworth, wandte sich dann aber den offenen Terrassentüren zu, weil er meinte, draußen im Gebüsch ein Geräusch gehört zu haben.

In diesem Moment kam Lady Alcesters Airedale aus dem Gebüsch auf die Terrasse gesprungen und stand plötzlich vor Bottles im Salon.

Die beiden Hunde beschnüffelten sich feindselig, dann bleckten sie die Zähne, knurrten sich an, und bevor sie jemand hätte zurückhalten können, gingen sie aufeinander los.

Dabei stellte sich sehr bald heraus, wie sehr Lady Alcester Bottles' Kampfgeist unterschätzt hatte. Wenn er auch vor keifenden Pekinesenweibchen wegzulaufen pflegte, stand er doch seinen Mann, wenn der Gegner wie in diesem Fall ein kräftiger Rüde war. In Much Machingham gab es keinen Hund, mit dem Bottles nicht schon einmal tüchtig gerauft hätte.

In der gegenwärtigen Situation hatte Bottles überdies noch das Gefühl, einen Rechtsanspruch zu verteidigen. Abgesehen von der Kälte seiner Bewohner und der rauen Behandlung seiner Rippen fühlte sich Bottles hier im Salon schon sehr heimisch und meinte, jeden Eindringling in die Flucht schlagen zu müssen.

Aber auch der Airedale war nicht gewohnt zu kneifen. Im Hyde Park, wo er seinen täglichen Spaziergang absolvierte, wenn sie in London waren, gab es keinen Hund, mit dem er sich nicht schon einmal angelegt hätte. Er ging mit sehr viel Selbstvertrauen in den Kampf.

Die Zuschauer im Salon verfolgten die Auseinandersetzung der beiden Hunde mit unterschiedlichen Gefühlen.

Lady Alcester als langjährige Hundekennerin regte sich überhaupt nicht auf. Sie verfolgte den Kampf ziemlich gelassen, musterte die beiden Kämpfer durch ihre Lorgnette und stellte dann überrascht fest, dass Bottles der überlegene war. Wenn das auf die Ernährung mit Donaldsons Hundekuchen zurückzuführen war, stellte sie beeindruckt fest, dann musste an dem Zeug wirklich etwas sein.

Die übrigen Zuschauer teilten Lady Alcesters Gelassenheit nicht. Da die kämpfenden Parteien viel Platz beanspruchten und überall gleichzeitig zu sein schienen, waren die Stühle in Ringnähe keineswegs sicher.

Lady Constance stand mit dem Rücken zur Wand und warf ein Kissen auf die Kämpfer.

Lord Emsworth suchte in seiner Ecke ebenfalls nach Munition, wobei er sich ärgerte, dass er seinen Kneifer verloren hatte, ohne den er die Krisensituation nur schwerlich meistern konnte.

Gertrude interessierte das Geschehen nur mittelbar. Sie stand wie versteinert da und starrte Orlo Watkins an, der sich äußerst geistesgegenwärtig auf einen Geschirrschrank gerettet hatte.

In diesem Moment ging die Tür auf. »Mr Bingham«, meldete Beach.

Als Hochwürden Rupert Bingham den Salon betrat, erkannte er sofort, was hier vor sich ging, und handelte unverzüglich.

Es gibt verschiedene Möglichkeiten, streitende Hunde zu trennen. Die einen schwören auf Wasser, die anderen auf Pfeffer. Manche Leute halten den Hunden ein brennendes Streichholz unter die Nase. Hochwürden Rupert Bingham war für diese verfeinerten Methoden zu ungeduldig.

Er hatte zu viele Hunderaufereien miterlebt. Die Hälfte der Zeit, die er in Much Matchingham als Seelenhirt angestellt war, hatte er, wie ihm schien, damit verbracht, Bottles von den Kehlen der Hunde seiner kleinen Herde wegzureißen. Dabei hatte er viel Erfahrung gesammelt und verfügte jetzt über eine eigene Technik. Er packte mit der einen Hand den Airedale, mit der anderen Bottles im Genick und zog so lange, bis er die beiden Raufbolde getrennt hatte.

»Rupert!«, rief Gertrude.

Sie bewunderte ihn wie den Helden einer romantischen Zeit. Niemand hätte leugnen können, dass es sehr eindrucksvoll war, wie der starke junge Mann dort stand und fest und unbeugsam in jeder Hand einen wütenden Hund hielt. Plötzlich wusste Gertrude, was sie wollte.

»Rupert!«, rief sie noch einmal.

Hochwürden Rupert Bingham hatte inzwischen sein Werk vollendet, Bottles auf die Terrasse hinausgeworfen und die Türen geschlossen, den Airedale auf den Teppich gesetzt, wo er sitzen blieb und sich das Fell leckte. Dann hatte Rupert ein Taschentuch herausgezogen, um sich den Schweiß von der Stirn zu wischen.

»O Rupert!«, schrie Gertrude freudig erregt und warf sich in seine Arme.

Hochwürden Rupert Bingham sagte nichts. In solchen Situationen verschwendet der Weise keine Worte.

Aber auch Orlo Watkins sprach nicht. Vielleicht hatte er in Gertrudes Augen jenen Blick gesehen, der den Unterlegenen veranlasst, sich auf sein Zimmer zurückzuziehen und die Koffer zu packen, um für den nächsten Morgen gerüstet zu sein, wenn das Telegramm kommt, das ihn dringend nach London zurückrufen wird. Orlo Watkins zog sich jedenfalls kommentarlos zurück.

Es war spät in der Nacht, als Freddie in das Schloss seiner Vorfahren heimkehrte. Während er sich übelgelaunt entkleidete, klopfte es zu seiner Überraschung plötzlich an die Tür.

Seine Tante Georgiana trat ein. Auf ihrem Gesicht leuchtete der Triumph, den eine Mutter empfindet, wenn ihre

Tochter in Kürze einen erfolgreichen jungen Geistlichen, den einzigen Erben eines reichen Onkels heiraten wird.

»Freddie«, sagte sie feierlich. »Wie heißt das Zeug, von dem du die ganze Zeit redest? Ich habe den Namen vergessen … «

»Donaldsons *Dog Joy*«, antwortete Freddie. »Es ist in kleinen und großen Päckchen erhältlich. Die Firma garantiert in jedem Fall höchste Qualität … «

»Ich möchte für den Anfang zwei Tonnen bestellen«, sagte Lady Alcester und lächelte.

Cecil Aldin

Ukridges Hunde-Akademie

»Mein Junge«, sagte Stanley Featherstonehaugh Ukridge, ein vom Schicksal vielgeprüfter Mann, bediente sich reichlich aus meinem Tabaksbeutel und ließ ihn dann in seiner Tasche verschwinden, »pass auf, du Schlawiner.«

»Was ist?«, fragte ich und holte mir meinen Beutel wieder.

»Hättest du Lust, ein immenses Vermögen zu verdienen?«

»Immer.«

»Dann schreib meine Biografie. Greif in die Tasten deiner Schreibmaschine und bring sie zu Papier, und dann teilen wir uns das Honorar. Vor kurzem hab' ich noch mal deine bisherigen Produkte durchgelesen, altes Ross, und ich finde, du stellst es falsch an. Dein Fehler ist, dass du nicht ins volle Menschenleben hineingreifst. Du denkst dir irgendeine x-beliebige Story aus und hackst sie aufs Papier. Aber wenn du dich an meine Lebensgeschichte machen würdest, dann hättest du was wirklich Lohnendes. Damit lässt sich eine Stange Geld machen, mein Alter – Vorabdruckrechte für England und Amerika, Buchrechte, Bühnenrechte, Filmrechte –, also glaub mir, vorsichtig geschätzt könnten wir pro Nase mindestens fünfzigtausend Pfund abkassieren.«

»So viel?«

»Ohne weiteres. Und noch was, mein Junge, hör zu. Du bist ein feiner Kerl, und wir sind alte Freunde. Deshalb überlasse ich dir meinen Anteil an den englischen Vorabdruckrechten für hundert Pfund in bar.«

»Und was glaubst du, woher ich hundert Pfund nehmen soll?«

»Na schön, sagen wir die englischen und amerikanischen Vorabdruckrechte für fünfzig.«

»Du hast deinen Kragenknopf verloren.«

»Wie wär's mit meinem Anteil an sämtlichen Rechten für lumpige fünfundzwanzig?«

»Ohne mich.«

»Weißt du was, altes Ross?«, sagte Ukridge strahlend. »Gib mir fürs Erste mal drei Schilling, und dann sehen wir weiter.«

Wenn nun also die wichtigsten Ereignisse in Stanley Featherstonehaugh Ukridges unrühmlicher Laufbahn ans Licht der Öffentlichkeit gelangen sollen anstatt, wie manche wohl wünschen mögen, schamhaft totgeschwiegen zu werden, dann bin ich vermutlich am ehesten berufen, sie aufzuzeichnen. Ukridge und ich sind seit unserer gemeinsamen Schulzeit unzertrennlich. Schulter an Schulter haben wir auf dem Cricketfeld gestanden, und als er von der Schule flog, hat niemand das mehr beklagt als ich. Dieser Rausschmiss war eine höchst widrige Angelegenheit. Mit Schulordnungen musste ja ein unkonventioneller Kopf wie Ukridge immer wieder in Konflikt geraten, und schließlich verstieß er gegen die strengste aller Regeln, indem er sich eines Nachts ins Dorf schlich, wo gerade Jahrmarkt war, um an der Schießbude sein Geschick zu erproben. Er hatte sich bei dieser

Expedition umsichtigerweise einen roten Bart und eine Pappnase angeklebt, jedoch wurde diese perfekte Tarnung leider dadurch wirkungslos, dass er während der ganzen Zeit seine Schulmütze trug. Er verließ uns am nächsten Morgen zum Leidwesen aller.

Danach verloren wir uns für einige Zeit aus den Augen. Ich ging nach Cambridge, um ein gebildeter Mensch zu werden, und Ukridge, soweit ich das seinen spärlichen Briefen und den Berichten gemeinsamer Bekannter entnehmen konnte, sauste währenddessen in der Weltgeschichte umher. Einer sah ihn in New York von Bord eines Viehfrachters kommen, ein anderer begegnete ihm in Buenos Aires. Wieder ein anderer berichtete mit Bedauern, wie er in Monte Carlo von Ukridge angequasselt und um fünf Pfund erleichtert worden war. Erst als ich mich in London niederließ, kehrte er in mein Leben zurück. Wir trafen uns eines Tages am Piccadilly Circus und nahmen unsere Verbindung da wieder auf, wo sie abgerissen war. Alte Schulfreundschaften sind ohnehin haltbar, und die Tatsache, dass er ungefähr meine Größe hatte und deshalb meine Socken und Hemden tragen konnte, machte ihn noch anhänglicher.

Dann verschwand er wieder, und es vergingen zwei, drei Wochen, bis ich wieder von ihm hörte.

Es war George Tupper, der Nachrichten brachte. George war während meines letzten Schuljahres unser Primus gewesen, und er hat die großen Hoffnungen, zu denen er damals berechtigte, nicht enttäuscht. Er bekleidet heute einen hohen Posten im Außenministerium. Er hat ein mildtätiges, butterweiches Herz und nimmt die Sorgen anderer Leute sehr ernst. Schon oft hatte er bei mir bewegte Klage über

Ukridges verschlungenen Lebensweg geführt, und während er jetzt sprach, schien ihn die Genugtuung eines Vaters über die Heimkehr des verlorenen Sohns zu erfüllen.

»Hast du schon gehört?«, fragte George Tupper. »Ukridge ist endlich sesshaft geworden. Wohnt jetzt bei einer Tante, die eine dieser Prachtvillen in Wimbledon besitzt. Sehr reiche Dame. Ich freue mich für ihn. Jetzt ist für den Jungen die Zukunft gesichert.«

Vielleicht hatte er recht, aber mir erschien dieses zahme Abgleiten in die Gesellschaft einer reichen Tante in Wimbledon als ein unpassendes, fast tragisches Ende einer so abwechslungsreichen Karriere wie der Ukridges. Und als ich dem Mann eine Woche später begegnete, wurde mir das Herz noch schwerer.

Es war in der Oxford Street zu der Stunde, wenn die Damen aus den Villenvororten zum Einkaufen hereinkommen; und er stand inmitten der Hunde und Chauffeure vor Selfridge's. Er war beladen mit Päckchen, sein Gesicht starr und bleich vor Unbehagen, und er war so adrett angezogen, dass ich ihn erst gar nicht erkannte. Er war mit allem ausstaffiert, was der elegante Herr so trägt, vom Bowler bis zu den Lacklederschuhen; und er litt, wie er mir schon in der ersten Minute anvertraute, die Qualen der Verdammten. Die Schuhe waren ihm zu eng, der Hut drückte, und der Kragen war schlimmer als beides zusammen.

»Ich muss die Klamotten ihretwegen tragen«, sagte er missmutig, nickte in Richtung auf das Kaufhausinnere und japste, weil ihm der Kragen bei dieser Bewegung den Hals zuschnürte.

»Trotzdem«, sagte ich, um ihn auf andere Gedanken

zu bringen, »geht es dir doch bestimmt glänzend. George Tupper sagt, dass deine Tante steinreich ist. Wahrscheinlich lebst du wie die Made im Speck.«

»Speis und Trank sind ja auch in Ordnung«, gab Ukridge zu. »Aber dieses Leben macht einen fertig, mein Junge. Fix und fertig, alter Knabe.«

»Warum kommst du mich nicht mal besuchen?«

»Ich darf abends nicht raus.«

»Soll ich dann mal zu dir kommen?«

Blankes Entsetzen leuchtete aus den Augen unter dem Bowler.

»Um Gottes willen, mein Junge, bloß nicht«, sagte Ukridge eindringlich. »Bloß nicht. Du bist ja ein netter Kerl – mein bester Freund und so – aber weißt du, meine Position in ihrem Haus ist alles andere als gefestigt, und wenn du dort aufkreuzt, würde mein Prestige auf den Nullpunkt sinken. Tante Julia würde dich ungepflegt finden.«

»Ich bin aber nicht ungepflegt!«

»Du wirkst aber ungepflegt. Du trägst eine Schlägermütze und ein Sporthemd. Und nimm's mir nicht übel, alter Freund, aber ich glaube, es ist besser, wenn du dich jetzt trollst, bevor sie herauskommt. Mach's gut, mein Bester.«

»Armer Kerl«, murmelte ich traurig, während ich die Oxford Street hinunterging. »Vom Wohlstand verdorben.«

Ich hätte meinen Ukridge besser kennen und mehr Vertrauen haben sollen. Ich hätte wissen müssen, dass ein Londoner Vorort für ihn genauso wenig ein Dauerdomizil sein konnte wie Elba für Napoleon.

Eines Nachmittags, als ich das Haus in der Ebury Street betrat, in dem ich zu dieser Zeit eine Zwei-Zimmer-Wohnung im ersten Stock gemietet hatte, entdeckte ich meinen Hauswirt Bowles in lauschender Haltung am Fuß der Treppe.

»Guten Tag, Sir«, sagte Bowles. »Oben wartet ein Gentleman auf Sie. Ich dachte eben, ich hätte ihn rufen gehört.«

»Wie heißt er denn?«

»Ein Mr Ukridge, Sir. Er … «

Eine kräftige Stimme kam dröhnend von oben. »Bowles, alter Knabe!«

Bowles war, wie alle Vermieter möblierter Wohnungen in den südwestlichen Bezirken Londons, ein ehemaliger Butler, und wie alle ehemaligen Butler umgab ihn eine Aura würdevoller Überlegenheit, die mir stets das Gefühl vermittelte, klein und hässlich zu sein. Er war ein korpulenter Mann mit Glatze und grünlichen, leicht hervorstehenden Augen – Augen, die mich immer, wie es schien, abwogen und zu leicht befanden, so als wollten sie sagen: »Hm! Jung – noch sehr jung. Und gar nicht das, was ich aus den vornehmen Häusern gewohnt bin.« Als ich hörte, wie diese würdige Gestalt mit »alter Knabe« angeredet, ja sogar gerufen wurde, erschien mir das als genauso ein Verstoß gegen die göttliche Ordnung, wie wenn jemand dem Erzbischof von Canterbury einen Klaps auf die Schulter gegeben hätte. Es verschlug mir daher den Atem, als jener nicht nur nachsichtig, sondern geradezu beflissen reagierte.

»Ja, Sir?«, flötete Bowles.

»Bringen Sie mir sechs Knochen und einen Korkenzieher.«

»Sofort, Sir.«

Bowles zog sich zurück, und ich stürmte die Treppe hinauf und riss die Tür zu meinem Wohnzimmer auf.

»Allmächtiger!« stieß ich hervor.

Der Raum war übersät mit Pekinesen. Genauere Untersuchungen ergaben, dass es sich nur um sechs handelte, aber im ersten Augenblick kam es mir wie Hunderte vor. Glubschaugen, wohin ich sah. Der Boden war ein einziges Gewoge von wedelnden Schwänzen. Mit dem Rücken an den Kaminsims gelehnt und behaglich rauchend stand Ukridge.

»Tag, mein Junge«, sagte er mit einer lässigen Handbewegung, die zu besagen schien, ich solle mich hier ruhig wie zu Hause fühlen. »Du kommst gerade richtig. Ich muss mich nämlich eilen, damit ich den Zug in einer Viertelstunde kriege. Kusch, ihr Tölen!«, brüllte er dann, und die sechs Pekinesen, die seit meinem Eintreten unentwegt gebellt hatten, brachen mitten im Gekläff ab und waren still. Ukridge schien auf Lebewesen höherer Ordnung von Butlern bis zu Pekinesen eine magische Kraft auszustrahlen, die schon ans Unheimliche grenzte.

»Ich fahre nach Sheep's Cray in Kent. Hab' mir da ein Häuschen gemietet.«

»Willst du dort hinziehen?«

»Ja.«

»Und was ist mit deiner Tante?«

»Ach, ich hab' mich von ihr getrennt. Weißt du, das Leben ist eine ernste Sache, und wenn ich zu Reichtum kommen will, muss ich mich tummeln und darf mich nicht in einem Nest wie Wimbledon vergraben.«

»Da ist was dran.«

»Außerdem hat sie mich wissen lassen, dass ihr von meinem bloßen Anblick übel werde, und sie wolle mich nie mehr wiedersehen.«

Ich hätte schon gleich, als ich ihn sah, darauf kommen müssen, dass gravierende Veränderungen stattgefunden hatten. Die aufwändige Garderobe, die ihn zu einer solchen Augenweide gemacht hatte, war nicht mehr, und er trug wieder seine präwimbledonischen Sachen, die sich, wie es die Modejournale nennen, durch eine sehr individuelle Note auszeichneten. Über seinen grauen Flanellhosen, einer Golfjacke und einem braunen Pullover trug er wie eine königliche Robe einen leuchtend gelben Regenmantel. Sein Kragen hatte sich vom Kragenknopf gelöst und ließ einige Fingerbreit seines nackten Halses sehen. Sein Haar war zerzaust, und seine ausgeprägte Nase wurde von einer leicht verbogenen Nickelbrille gekrönt, deren mit Isolierband umwickelte Bügel hinter seinen abstehenden Ohren festgehakt waren. Seine ganze Erscheinung hatte etwas Rebellisches an sich.

Bowles erschien mit einem Teller Knochen.

»Danke. Werfen Sie sie einfach auf den Boden.«

»Sehr wohl, Sir.«

»Der Bursche gefällt mir«, sagte Ukridge, als die Tür sich geschlossen hatte. »Wir hatten ein hochinteressantes Gespräch, bevor du kamst. Wusstest du, dass sein Bruder im Varieté auftritt?«

»Er hat mich bisher nicht ins Vertrauen gezogen.«

»Er will mich mit ihm bekannt machen. Könnte nützlich sein, jemanden zu haben, der sich hinter den Kulissen auskennt. Weißt du, mein Junge, ich habe nämlich einen phänomenalen Plan.« Er machte eine ausladende Geste, wobei er eine Gipsbüste Lord Byrons umstieß. »Halb so wild, du kannst das Ding mit Kleister oder so was reparieren. Ist sowieso nicht schade drum. Also wie gesagt, ich habe einen phänomenalen Plan. Die Idee des Jahrhunderts.«

»Und die wäre?«

»Ich werde Hunde dressieren.«

»Hunde dressieren?«

»Für's Varieté. Hundenummern, verstehst du? Dressierte Hunde. Damit ist viel Geld zu machen. Mit diesen sechsen werde ich klein anfangen. Wenn ich ihnen ein paar Kunststückchen beigebracht habe, verscherble ich sie für ein hübsches Sümmchen an einen, der mit ihnen auf der Bühne auftritt, und kaufe mir zwölf neue. Ich bringe ihnen ein paar Kunststückchen bei, verscherble sie für ein hübsches Sümmchen und kaufe vierundzwanzig neue. Ich bringe denen auch … «

»He, Moment mal!« Mir war schon ganz schwindlig. Vor meinem geistigen Auge sah ich ganz England gepflastert mit Pekinesen, die alle Kunststückchen vollführten. »Wie willst du die denn alle loswerden?«

»Kein Problem. Die Nachfrage ist enorm. Die Lieferanten kommen gar nicht nach. Bei vorsichtigsten Schätzungen müsste ich im ersten Jahr auf vier- bis fünftausend Pfund kommen. Und dann geht's erst richtig los.«

»Ich verstehe.«

»Wenn der Laden erst mal läuft und ich ein paar Dutzend Angestellte habe, dann werde ich die großen Gelder machen. Mein Ziel ist eine Art Hunde-Akademie irgendwo auf dem Lande. Großer Kasten mit riesigem Gelände. Regelmäßiger Unterricht nach festem Lehrplan. Großes Kollegium. Jedes Mitglied hat soundso viele Hunde zu betreuen, und ich leite und manage das alles. Nach einer Weile wird das wie von alleine gehen, und ich brauche dann nur noch dazusitzen und die Schecks einzulösen. Dabei will ich mich gar nicht auf England beschränken. In der gesamten zivilisierten Welt besteht ein Bedarf an dressierten Hunden. Amerika braucht dressierte Hunde. Australien braucht dressierte Hunde. Afrika könnte auch ein paar gebrauchen. Worauf ich zusteuere, ist eine marktbeherrschende Position auf diesem Sektor. Dann müssen alle, die einen wie auch immer beschaffenen dressierten Hund benötigen, zu mir kommen. Also weißt du, alter Freund, wenn du dich mit etwas Kapital beteiligen willst, werde ich dir günstige Bedingungen einräumen.«

»Ich danke.«

»Bitte schön, wie du willst. Aber vergiss nicht, dass es mal einen gab, der neunhundert Dollar in die Ford-Werke steckte, als sie gegründet wurden, und der später glatte vierzig Millionen einkassierte. Du lieber Himmel, es ist ja schon spät! Ich werde meinen Zug verpassen. Hilf mir doch mal, diese verdammten Köter in Marsch zu setzen.«

Fünf Minuten später, umringt von sechs Pekinesen und beladen mit einem Pfund meines Tabaks, drei Paar Socken aus meinen Beständen und einer halbvollen Flasche Whisky, fuhr Ukridge in einem Taxi zum Charing-Cross-Bahnhof, um sein Lebenswerk in Angriff zu nehmen.

Es vergingen etwa sechs Wochen, sechs ruhige, ukridgelose Wochen, bis ich eines Morgens ein erregtes Telegramm erhielt. Eigentlich war es weniger ein Telegramm als vielmehr ein Verzweiflungsschrei. Aus jedem seiner Worte sprach der gepeinigte Geist eines Mannes, der vergebens gegen eine Übermacht ankämpft. Es war die Art von Telegramm, wie sie Hiob nach einer längeren Aussprache mit Bildad dem Schuchiten aufgegeben haben könnte:

Komm sofort her, mein Junge. Sache auf Leben und Tod, alter Freund. Verzweifelte Lage. Lass mich nicht hängen.

Es schreckte mich auf wie eine Sirene. Ich nahm den nächsten Zug.

The White Cottage in Sheep's Cray – dazu ausersehen, dermaleinst eine historische Stätte und ein Mekka der Hundeliebhaber zu werden – war ein kleines, baufälliges Gebäude nahe der Landstraße nach London und ein wenig abseits vom Dorf. Ich fand das Haus mühelos, denn Ukridge schien in der Nachbarschaft eine gewisse Berühmtheit erlangt zu haben; schwieriger war es schon, sich Zutritt zu verschaffen. Eine geschlagene Minute klopfte ich erfolglos, dann fing ich an zu rufen; und gerade hatte ich mich damit abgefunden, dass Ukridge nicht zu Hause sei, als die Tür sich plötzlich öffnete. Da ich im selben Moment meinen letzten Schlag gegen dieselbe führte, betrat ich das Haus in der Haltung eines russischen Balletttänzers, der gerade einen besonders komplizierten Schritt übt.

»Tut mir leid, altes Ross«, sagte Ukridge. »Ich hätte ja gleich aufgemacht, wenn ich gewusst hätte, dass du es bist. Aber ich dachte, es wäre Gooch, der Gemischtwarenhändler – Warenlieferungen im Wert von sechs Pfund drei Schilling noch unbezahlt.«

»Ich verstehe.«

»Dauernd ist er mir auf den Fersen wegen seinem lumpigen Geld«, sagte Ukridge verbittert, als er mich ins Wohnzimmer führte. »Das ist schon ein bisschen hart. Also wirklich, das ist ein bisschen hart. Ich komme hierher, um ein

Großunternehmen zu gründen und dem Landvolk etwas Gutes zu tun, indem ich ein expandierendes Gewerbe aufziehe, und ehe man sich's versieht, beißen sie die Hand, die sie ernähren wollte. Diese Blutsauger haben mich gepiesackt und schikaniert, seit ich hier bin. Ein bisschen Vertrauen, ein bisschen Rücksicht, ein bisschen vom alten Leben-und-leben-lassen-Geist – mehr verlange ich doch gar nicht. Aber die? Wollten gleich eine Anzahlung! Ließen nicht locker wegen ihrer dämlichen Anzahlung, wo ich doch wahrhaftig meine ganze Kraft und jeden Funken Verstand auf meine schwierige und anspruchsvolle Aufgabe konzentrieren musste. Ich konnte ihnen einfach keine Anzahlung machen. Ja, später – wenn sie bloß ein wenig Vernunft und Geduld bewiesen hätten – da hätte ich ihnen ja ihre verflixten Rechnungen doppelt und dreifach beglichen. Aber sie waren noch nicht reif dafür. Ich habe mit den Leuten diskutiert. Ich habe ihnen gesagt: Ich bin ein vielbeschäftigter Mann, aber während ich mich abmühe, sechs Pekinesen fürs Varieté auszubilden, kommen Sie daher und stören mich bei der Arbeit und blasen mir die Ohren voll mit Ihrem Gefasel von Anzahlungen und Rechnungen. So was ist doch kein Gemeinsinn, habe ich gesagt, und kein Erfolgsdenken. Mit diesem kleinlichen Bestehen auf Bargeld werden Sie's nie zu etwas bringen. Aber sie wollten nicht auf mich hören. Alle Nase lang standen sie vor meiner Tür und lauerten mir auf offener Straße auf, bis das Leben für mich völlig unerträglich wurde. Und was glaubst du, was jetzt passiert ist?«

»Was denn?«

»Die Hunde.«

»Haben sie die Staupe?«

»Noch schlimmer. Der Hausbesitzer hat sie als Geiseln genommen, um von mir die Miete zu erpressen! Hat sie einfach mitgenommen und mir die Existenzgrundlage entzogen. Hat das aufblühende Geschäft im Keim erstickt. Ist dir schon jemals so viel Niedertracht begegnet? Na schön, ich habe mich verpflichtet, die Miete wöchentlich zu zahlen, und ich bin sechs Wochen im Rückstand, aber du lieber Himmel! Wenn man Großes vollbringen will und Kompliziertes leisten muss, dann kann man sich doch nicht um jeden x-beliebigen Klacks kümmern! Das hab' ich auch dem alten Nickerson gesagt, aber es war für die Katz. Darum habe ich dir telegrafiert.«

»Aha!«, sagte ich, und es entstand eine bedeutungsvolle Pause.

»Ich dachte mir«, sagte Ukridge nachdenklich, »dass du vielleicht jemanden wüsstest, den ich anpumpen könnte.«

Er sagte das ganz sachlich, fast beiläufig, aber in seinen Augen blitzte es vielsagend, und schuldbewusst wich ich seinem Blick aus. Meine finanziellen Verhältnisse waren angespannt wie immer – sogar eher noch mehr, nachdem sich ein Tipp für das Rennen in Kempton Park am letzten Sonntag als unzufriedenstellend erwiesen hatte. Wenn es also jemals angebracht war, den Schwarzen Peter weiterzuschieben, dann, so fand ich, diesmal. Ich dachte scharf nach. Hier musste eine rasche Antwort gefunden werden.

»George Tupper!«, rief ich. Das war die Erleuchtung.

»George Tupper?«, wiederholte Ukridge strahlend. Seine trübe Stimmung verflog wie Nebel in der Sonne. »Natürlich, das ist unser Mann! Erstaunlich, dass ich nicht selber auf ihn gekommen bin. Der generöse George, unser alter Schulfreund. Er stiftet todsicher was und wird es nicht einmal entbehren. Die Jungs im Außenministerium haben immer ein paar Zehner auf der hohen Kante. Sie zweigen's von den öffentlichen Mitteln ab. Du machst dich jetzt stante pede auf den Rückweg nach London, mein Alter, schnappst dir George, spendierst ihm ein paar Drinks und leierst ihm dann zwanzig Pfund aus der Tasche. Nun kannst du mal zeigen, was in dir steckt.«

Ich war sicher gewesen, dass George uns nicht im Stich lassen würde, und ich behielt recht. Er zahlte, ohne zu murren – sogar mit einer gewissen Begeisterung. Der Verwendungszweck war ja auch ganz nach seinem Herzen. Als Halbwüchsiger schrieb George gefühlvolle Gedichte für die Schulzeitung, und heute gehört er zu denen, die immer für irgendwas Unterschriften oder Spenden sammeln. Er lauschte meiner Geschichte mit wichtiger Amtsmiene, wie sie diese Außenministerialen immer aufsetzen, wenn sie sich überlegen, ob sie der Schweiz den Krieg erklären oder San Marino eine geharnischte Protestnote schicken sollen, und noch ehe ich zwei Minuten gesprochen hatte, zog er sein Scheckheft hervor. Ukridges verzweifelte Lage hatte ihn offenbar tief bewegt.

»Dumme Sache«, sagte George. »Also er dressiert Hunde? Na, wenn er jetzt einer geregelten Arbeit nachgeht, wäre es ja unfair, ihn gleich am Finanziellen scheitern zu lassen. Wir müssen praktische Hilfe leisten. Ein Darlehen von zwanzig Pfund ist schließlich keine Dauerlösung.«

»Du bist, glaube ich, reichlich optimistisch, wenn du das als Darlehen betrachtest.«

»Was Ukridge jetzt braucht, ist Kapital.«

»Das sagt er auch – und Gooch, der Gemischtwarenhändler, auch.«

»Kapital«, wiederholte George Tupper mit Nachdruck, als hätte er den Bevollmächtigten einer Großmacht vor sich. »Kapital ist das A und O jeden Unternehmens.« Nachdenklich runzelte er die Stirn. »Wie können wir Kapital für Ukridge auftreiben?«

»Wir könnten eine Bank überfallen.«

George Tuppers Gesicht hellte sich auf. »Ich hab's!«, rief er. »Ich werde gleich heute Abend hinüber nach Wimbledon fahren und mit seiner Tante reden.«

»Du vergisst, dass sie ihn so gerne hat wie eisgekühltes Porridge.«

»Es mag da eine zeitweilige Abkühlung in den Beziehungen gegeben haben, aber wenn ich ihr die Situation schildere und vor Augen halte, dass Ukridge sich ernsthaft bemüht, seinen Lebensunterhalt … «

»Na, du kannst es ja versuchen. Aber wahrscheinlich wird sie ihren Papagei auf dich hetzen.«

»Ich werde es natürlich diplomatisch anfangen müssen. Vielleicht sagst du Ukridge besser nicht, was ich vorhabe. Ich möchte bei ihm keine Hoffnungen wecken, die womöglich nicht in Erfüllung gehen.«

Am nächsten Morgen signalisierte mir schon von weitem ein grelles Gelb auf dem Bahnsteig von Sheep's Cray Station, dass Ukridge gekommen war, um mich am Zug abzuholen. Die Sonne schien warm von einem wolkenlosen Himmel, aber es bedurfte mehr als gewöhnlicher Sonnenwärme, um Stanley Featherstonehaugh Ukridge zum Ablegen seines

Regenmantels zu bewegen. Er sah aus wie ein lebendiger Mayonnaiseklecks.

Als der Zug einfuhr, stand er in einsamer Grandezza da und versuchte, sich eine Pfeife anzuzünden, aber als ich ausgestiegen war, bemerkte ich, dass ein traurig aussehender Mann sich zu ihm gesellt hatte, und nach dessen lebhafter Artikulation und Gestik zu urteilen, schien er ein Thema zu ventilieren, das ihm sehr am Herzen lag. Ukridge wirkte nervös und gequält, und während ich näher kam, hörte ich ihn dröhnend antworten.

»Mein lieber Herr, bester Freund, nehmen Sie doch Vernunft an, bemühen Sie sich doch mal, die Dinge nicht so eng zu sehen ... «

Er entdeckte mich und riss sich, anscheinend nicht unwillig, los, um mich am Ärmel zu packen und über den Bahnsteig wegzuziehen. Der traurig aussehende Mann folgte uns unentschlossen.

»Hast du es mitgebracht, alter Knabe?«, flüsterte er hastig. »Hast du es bekommen?«

»Ja, hier ist es.«

»Steck es weg, schnell!«, stöhnte Ukridge entsetzt, als ich in die Tasche griff. »Weißt du, mit wem ich da gerade gesprochen habe? Mit Gooch, dem Gemischtwarenhändler!«

»Warenlieferungen im Wert von drei Pfund sechs Schilling noch unbezahlt?«

»Genau!«

»Na, das ist doch die Gelegenheit. Wirf ihm die Silberlinge hin. Da wird er ganz schön dumm gucken.«

»Mein lieber Alter, ich kann es mir nicht leisten, meine Barschaft unters Volk zu streuen, nur damit der Gemischtwarenhändler dumm guckt. Dieses Geld ist für Nickerson bestimmt, meinen Vermieter.«

»Ach so. Du, ich glaube, der mit den drei Pfund sechs Schilling verfolgt uns.«

»Dann lass uns um Gottes willen verduften, mein Junge! Wenn der Mann herauskriegt, dass wir zwanzig Pfund bei uns haben, dann sind wir unseres Lebens nicht mehr sicher. Der fällt uns glatt an.«

Er schob mich eilig aus dem Bahnhof und bog dann in einen von Hecken gesäumten schattigen Weg ein, der sich durch die Felder schlängelte. Dabei drehte er sich immer wieder um, als säße ihm der Leibhaftige im Nacken. Unser Verfolger ließ jedoch schon nach einer kurzen Strecke von uns ab, worauf ich dann auch Ukridge gleich hinwies, denn das war nicht das richtige Wetter, um ohne Not neue Geher-Rekorde aufzustellen.

Erleichtert blieb er stehen und wischte sich die edle Stirn mit einem Taschentuch, das ich als eins aus meinen Beständen wiedererkannte.

»Ein Glück, dass wir ihn abgeschüttelt haben«, sagte er. »Auf seine Weise ist er sicherlich ein guter Kerl – ein rührender Familienvater, wie ich höre, und er singt auch im Kirchenchor. Aber ihm fehlt der Weitblick. Das ist sein Problem, alter Junge – kein Weitblick. Er kapiert einfach nicht, dass alle großen Wirtschaftsunternehmen auf der Basis von großzügigen Krediten entstanden sind. Er will nicht einsehen, dass Kredite unsere Wirtschaft am Leben erhalten. Ohne Kredite ist der Unternehmer nicht flexibel. Na, und wenn der Unternehmer nicht flexibel ist, dann kannst du ihn doch gleich vergessen, stimmt's?«

»Keine Ahnung.«

»Ich auch nicht. Aber jetzt, wo er weg ist, könntest du mir das Geld geben. Hat Tuppy es ohne Umstände herausgerückt?«

»Aufgedrängt hat er's mir fast.«

»Ich wusste es«, sagte Ukridge tief bewegt. »Ich wusste es. Ein feiner Kerl. Einer der besten. Ich hab' Tuppy schon immer gern gehabt. Auf ihn ist Verlass. Eines Tages, wenn ich erst im Geld schwimme, werde ich es ihm hundertfach zurückzahlen. Gut, dass du kleine Scheine gebracht hast.«

»Warum?«

»Ich will sie vor den Augen von Nickerson, diesem Raffzahn, über den Tisch streuen.«

»Wohnt er hier?«

Wir hatten ein rot gedecktes Haus erreicht, das abseits der Straße unter Bäumen stand. Ukridge bediente den Klopfer energisch.

»Sagen Sie Mr Nickerson«, erklärte er dem Hausmädchen, »dass Mr Ukridge hier ist und ihn zu sprechen wünscht.«

An dem Auftreten des Mannes, der kurz darauf das Zimmer betrat, in das man uns geführt hatte, war dieses gewisse unverwechselbare Etwas, an dem man jederzeit und überall den Gläubiger erkennt. Mr Nickerson war mittelgroß und fast vollständig von einem Bart überwuchert, und aus diesem Gestrüpp starrte er Ukridge an mit eiskalten Augen, die gefährliche Strahlen aussandten. Man sah sofort, dass Ukridge ihm unsympathisch war. Alles in allem glich Mr Nickerson einem der weniger liebenswerten Propheten des Alten Testaments, der im Begriff ist, den gefangenen König der Amalekiter in die Mangel zu nehmen.

»Also?«, sagte er, und nie habe ich jemanden ein Wort drohender aussprechen hören.

»Ich komme wegen der Miete.«

»So!«, sagte Mr Nickerson abwartend.

»Um sie zu bezahlen«, sagte Ukridge.

»Um sie zu bezahlen!«, rief Mr Nickerson, bass erstaunt.

Hier!«, sagte Ukridge und ließ die Scheine mit einer großartigen Geste auf den Tisch flattern.

Jetzt verstand ich, warum dieser überlegene Kopf unbedingt kleine Scheine wollte. Die Wirkung war eindrucksvoll. Vom Fenster her kam ein leichter Luftzug, der ein so allerliebstes Rascheln hervorrief, als er mit den aufgehäuften Reichtümern spielte, dass die Schroffheit von Mr Nickerson wich wie ein Atemhauch von der Klinge eines Rasiermessers. Für einen Augenblick wurde sein Blick glasig, und er schwankte leicht; aber als er dann das Geld zusammenraffte, sah er so wohlwollend aus wie ein Bischof, der die Pilger segnet. Für Mr Nickerson war jetzt die Welt wieder ein schöner Ort.

»Danke, Mr Ukridge«, sagte er. »Wirklich, vielen Dank. Und nichts für ungut, wie?«

»Schon vergessen, Herr Nachbar«, erwiderte Ukridge leutselig. »Geschäft ist Geschäft.«

»Ganz recht.«

»Am besten nehme ich die Hunde gleich mit«, sagte Ukridge, und da er gerade auf dem Kaminsims ein Kistchen erspäht hatte, grapschte er sich daraus ein paar Zigarren, die er sich auf die denkbar freundlichste Weise in die Tasche steckte. »Je eher sie wieder bei mir sind, desto besser für sie. Sie haben sowieso schon viele Trainingsstunden versäumt.«

»Aber natürlich, Mr Ukridge, gewiss. Sie sind in der Hütte hinten im Garten. Ich hole sie Ihnen sofort.«

Und unter anbiederndem Gemurmel verschwand er aus der Tür.

»Erstaunlich, wie diese Typen hinterm Geld her sind«, seufzte Ukridge. »Kein schöner Anblick so was. Richtig abstoßend. Die Augen dieses Patrons fingen buchstäblich an zu leuchten, als er den Zaster in die Finger bekam. Gute Zigarren sind das«, fügte er hinzu und steckte sich noch drei ein.

Schlurfende Schritte näherten sich langsam, und Mr Nickerson trat wieder ein. Irgendetwas schien den Mann zu bedrücken. Seine Augen über dem Bart waren stumpf, und seine Mundwinkel, obwohl unter der Matratze nur schwer auszumachen, hingen kläglich nach unten. Er glich jetzt einem der weniger namhaften Propheten, und zwar einem, der mit einem stumpfen Gegenstand eins über den Schädel bekommen hat.

»Mr Ukridge!«

»Ja?«

»Die … die Hundchen!«

»Was ist mit ihnen?«

»Sie sind weg!«

»Weg?«

»Fortgelaufen!«

»Fortgelaufen? Wie um alles in der Welt konnten sie denn fortlaufen?«

»Anscheinend war an der Rückseite der Hütte ein Brett lose. Die Hundchen müssen drunter durchgekrochen sein. Sie sind spurlos verschwunden.«

Ukridge breitete seine Arme zu einer Geste der Verzweiflung aus. Dann blähte er sich auf wie ein Fesselballon. Seine Nickelbrille rutschte nach vorn, sein Regenmantel flatterte drohend, und sein Kragen löste sich mit hörbarem Knall vom Kragenknopf. Donnernd schlug er mit der Faust auf den Tisch.

»Alles was recht ist!«, brüllte Ukridge. »Das ist ja stark. Das ist wirklich stark. Ich komme hierher, um ein großes Geschäft aufzubauen, das im Laufe der Zeit der ganzen Gegend Arbeit und Wohlstand gebracht hätte, und erst lässt man mir kaum Zeit, mich um den Betrieb zu kümmern, sondern kaum will ich die Sache in Gang bringen, kommt dieser Mann und nimmt mir meine Hunde weg. Und nun erklärt er mir mit einem unbeschwerten Lächeln … «

»Mr Ukridge, ich versichere Ihnen … «

» … mit einem unbeschwerten Lächeln, dass sie weg sind. Einfach weg! Und wohin? Irgendwo in der Weite dieser Grafschaft. Die sehen wir nie mehr wieder. Sechs hochwertige Pekinesen, praktisch schon so weit dressiert, dass man sie mit enormem Gewinn hätte verkaufen können … «

Mr Nickerson kramte schuld bewusst in seiner Tasche und zog nun ein Bündel zerknitterter Banknoten hervor, die er Ukridge erregt hinhielt, aber der wies sie mit einer Geste des Abscheus zurück.

»Dieser Herr«, dröhnte Ukridge, indem er mit ausladender Armbewegung auf mich wies, »ist zufällig Rechtsanwalt. Es trifft sich wirklich gut, dass er gerade heute vorbeikam, um mich zu besuchen. Haben Sie sich zu den Vorfällen schon eine juristische Meinung gebildet?«

Ich bestätigte ihm, dass ich mir eine juristische Meinung gebildet hätte.

»Und glauben Sie, dass die Indizien für eine Klageerhebung ausreichen?«

Ich erklärte dies für höchst wahrscheinlich, und mein Expertenurteil ließ Mr Nickerson nun völlig zusammenbrechen. Den Tränen nahe, nötigte er Ukridge die Geldscheine auf.

»Was soll das denn?«, sagte Ukridge von oben herab.

»Ich … ich dachte nur, Mr Ukridge, Sie könnten vielleicht so gütig sein, Ihr Geld zurückzunehmen und .. und die ganze Angelegenheit zu vergessen.«

Ukridge drehte sich mit hochgezogenen Augenbrauen zu mir um.

»Ha!«, rief er. »Haha!«

»Haha!«, echote ich pflichtschuldigst.

»Er glaubt, er kann das alles ungeschehen machen, indem er mir mein Geld zurückgibt. Ist das nicht ein starkes Stück?«
»Bärenstark«, stimmte ich ihm zu.

»Diese Hunde waren etliche Hundert Pfund wert, und er glaubt, er kann mich mit lausigen zwanzig abspeisen. Hättest du so was für möglich gehalten, wenn du's nicht selbst gehört hättest, alter Freund?«

»Niemals!«

»Ich mache Ihnen einen Vorschlag«, sagte Ukridge nach einigem Nachdenken. »Ich nehme das Geld.« Mr Nickerson dankte ihm bewegt. »Und bei zwei, drei Händlern am Ort sind noch ein paar kleine Rechnungen offen. Die werden Sie begleichen … «

»Selbstverständlich, Mr Ukridge, selbstverständlich.«

»Und außerdem – nun, das überlege ich mir noch. Falls

ich mich zu gerichtlichen Schritten entschließe, wird mein Anwalt Sie zu gegebener Zeit davon in Kenntnis setzen.«

Und wir verließen den Elenden, der sich kleinmütig hinter seinem Bart verkroch.

Während wir so den schattigen Weg zurückgingen und dann ins grelle Licht der Landstraße hinaustraten, musste ich denken, dass Ukridge sich in dieser Stunde des Unglücks bemerkenswert tapfer gehalten hatte. Sein gesamtes vierbeiniges Inventar, die Grundlage seines Geschäfts, war über ganz Kent verstreut und würde sicher nie zurückkehren, während er auf der Haben-Seite nichts weiter verbuchen konnte als die erlassenen Mietzahlungen von ein paar Wochen und die bezahlten Rechnungen bei Gooch, dem Gemischtwarenhändler, und seinen Kollegen. An einem Schicksalsschlag wie diesem wäre ein gewöhnlicher Sterblicher wahrscheinlich zerbrochen, aber Ukridge wirkte durchaus nicht niedergeschlagen. Eher fidel. Seine Augen strahlten hinter der Brille, und er pfiff eine muntere Weise. Als er kurz darauf auch noch anfing zu singen, fand ich es an der Zeit, ihn auf andere Gedanken zu bringen.

»Was wirst du jetzt machen?«, fragte ich ihn.

»Wer, ich?«, sagte Ukridge vernügt. »Ach, ich komme mit dir im nächsten Zug nach London. Es macht dir doch nichts aus, wenn wir eine Station weiter laufen? Es sind nur fünf Meilen. Es könnte Unannehmlichkeiten geben, wenn wir in Sheep's Cray einsteigen.«

»Wieso Unannehmlichkeiten?«

»Wegen der Hunde natürlich.«

»Hunde?«

Ukridge summte fröhlich vor sich hin.

»Ach so, das weißt du noch gar nicht. Ich habe sie.«

»Wie bitte?«

»Ja. Ich bin letzte Nacht hingegangen und habe sie mir aus der Hütte geholt.« Er schmunzelte zufrieden. »Ein Kinderspiel. Man braucht dazu nur einen klaren Verstand. Ich hab' mir eine tote Katze geborgt und an eine Schnur gebunden, und dann bin ich nach Einbruch der Dunkelheit in den Garten des alten Nikkerson gestiegen, habe ein Brett an der Rückseite der Hütte gelockert und zur Seite geschoben und den Hunden gepfiffen. Die Köter kamen auch alle angewackelt, und dann bin ich abgeschwirrt mit dem Kadaver im Schlepptau. Es war eine wilde, verwegene Jagd, mein Junge. Die Hunde haben gleich die Witterung aufgenommen und sind mit fünfzig Sachen abgepest, während ich mit der Katze gute fünfundfünfzig vorgelegt habe. Ich dachte schon, der alte Nickerson würde das Kläffen hören und mit Schrot auf uns ballern, aber es passierte nichts. Ich hab' die Meute zwanzig Minuten lang ungehindert querfeldein geführt und dann die Viecher in mein Wohnzimmer gesperrt und mich schlafen gelegt. Hat mich ganz schön angestrengt, weißt du. Bin auch nicht mehr der Jüngste.«

Ich schwieg eine Weile, irgendwie überwältigt. Dieser Mann war wirklich nicht engherzig. An Ukridge war schon immer etwas gewesen, das mit moralischen Maßstäben nicht mehr zu messen war.

»Na«, sagte ich schließlich, »Weitblick hast du jedenfalls.«

»Findest du?«, fragte Ukridge erfreut.

»Und eng siehst du die Dinge bestimmt nicht.«

»Das darf man heutzutage auch nicht, mein Lieber. Nur so bringt man es zu etwas im Geschäftsleben.«

»Und wie soll's jetzt weitergehen?«

Wir näherten uns dem White Cottage. Das Haus schmorte richtig in der Sonne, und ich hoffte, drinnen würde sich etwas Kühles zu trinken finden. Das Wohnzimmerfenster stand offen, und man hörte die Pekinesen jaulen.

»Ach, ich werde mir woanders ein Häuschen suchen«, sagte Ukridge und betrachtete sein trautes Heim mit einem schmerzlichen Lächeln. »Das dürfte nicht schwer sein. Überall gibt's Häuser zu mieten. Und dann werde ich mich ernsthaft an die Arbeit machen. Du wirst staunen, wie weit ich bereits bin. Ich führe dir gleich mal vor, was die Hunde schon können.«

»Zumindest können sie Radau machen.«

»Ja. Sie scheinen sich wegen irgendwas aufzuregen. Weißt du, alter Knabe, mir ist da eine großartige Idee gekommen. Als wir uns zuletzt in deiner Wohnung trafen, hatte ich noch den Plan, mich auf dressierte Hunde fürs Varieté zu spezialisieren – gewissermaßen auf professionelle Hunde. Aber ich hab' mir das noch mal überlegt, und ich meine, man sollte eigentlich auch die Amateurbegabungen fördern. Nehmen wir mal an, du hättest einen Hund – Fido, den Liebling der Familie – und du kämst auf den Gedanken, dass es das Heim verschönern würde, wenn der Hund von Zeit zu Zeit ein paar Kunststückchen vorführen könnte. Nun bist du aber ein vielbeschäftigter Mann und hast nicht die Zeit, ihm diese Tricks selber beizubringen. Also hängst du ihm einfach ein Adressenschildchen um und schickst ihn für einen Monat auf Ukridges Hunde-Akademie, von wo er dann als gründlich ausgebildeter Hund zurückkommt. Keine Mühe, keine Sorgen, günstige Zahlungsbedingungen. Also im Ernst, an den Amateuren ist bestimmt noch mehr zu verdienen als an den Profis. Ich könnte mir vorstellen, dass Hundebesitzer nach einer gewissen Zeit ihre vierbeinigen Lieblinge genauso selbstverständlich zu mir schicken werden, wie sie ihre Söhne nach Eton und Winchester schicken. Donnerwetter, die Idee gefällt mir! Du – wie wär's, wenn alle Hunde, die meine Akademie absolviert haben, ein spezielles Halsband verliehen bekämen? So eine Art Orden am Band. Wer einen Hund mit dem Ukridge-Halsband besitzt, könnte auf alle herabsehen, deren Hunde keins haben. Mit der Zeit käme es dahin, dass Leute in gehobener gesellschaftlicher Stellung sich gar nicht mehr mit Hunden ohne akademische Prüfung blicken lassen würden. Die Sache würde ungeheure Ausmaße annehmen. Aus allen Gegenden würden die Hunde herbeiströmen. So viele, dass ich die Arbeit gar nicht allein bewältigen könnte. Ich müsste Zweigstellen eröffnen. Das ist ein phänomenaler Plan! Und Millionen sind damit zu machen, mein Junge. Millionen!« Er blieb stehen, die Hand auf der Türklinke. »Natürlich«, fuhr er fort, »lässt es sich nicht verschweigen, dass ich momentan aufgrund eines Mangels an liquiden Mitteln etwas gehandicapt bin und das Projekt nur in einem bescheidenen Rahmen angehen könnte. Mit anderen Worten, altes Ross, ich muss irgendwoher Kapital bekommen.«

Das schien mir der richtige Augenblick, um ihm die freudige Mitteilung zu machen.

»Ich hab' ihm zwar versprochen, nichts zu sagen«, erklärte ich, »weil er Enttäuschungen verhindern wollte, aber George Tupper bemüht sich, Kapital für dich aufzutreiben. Gestern Abend wollte er sich dranmachen.«

»George Tupper!« – Eine keineswegs unmännliche Gemütsbewegung verschleierte Ukridges Blick – »George Tupper! Bei Gott, Männer wie er sind das Salz dieser Erde! Guter, treuer Freund! Ein Mann, auf den Verlass ist. Im Ernst, wenn es mehr von seiner Sorte gäbe, würde nicht überall diese Unsicherheit und Hektik herrschen. Hatte er denn schon eine Idee, wo er Kapital für mich kriegen wollte?«

»Ja. Er ist zu deiner Tante gegangen und hat ihr erzählt, dass du hier herausgezogen bist, um diese Pekinesen zu dressieren, und … Was hast du denn?«

Ukridges eben noch jubilierende Züge hatten sich plötzlich grässlich verzerrt. Seine Augen traten aus den Höhlen, sein Unterkiefer sank herab. Wenn man ihm noch ein paar Quadratmeter Putzwolle umgehängt hätte, wäre er dem alten Nickerson zum Verwechseln ähnlich gewesen.

»Zu meiner Tante?«, ächzte er und hielt sich mühsam am Türgriff.

»Ja. Was hast du denn nur? Er dachte, wenn er ihr alles erzählt, gibt sie vielleicht nach und greift dir unter die Arme.«

Das Stöhnen eines tapferen Kämpen, der am Ende seiner Kräfte angelangt ist, entrang sich Ukridges regenmantelumhülltem Busen.

»George Tupper!«, stieß er hervor. »Warum muss sich dieser von allen guten Geistern verlassene Trottel in meine Angelegenheiten mischen?«

»Was soll das heißen?«

»Dieser Mann dürfte gar nicht frei herumlaufen. So was ist doch eine öffentliche Gefahr.«

»Aber … «

»Diese Hunde gehören doch meiner Tante! Ich hab' sie mitgehen lassen, als sie mich vor die Tür setzte.«

Drinnen im Haus kläfften die Pekinesen immer noch aus Leibeskräften.

»Alles was recht ist«, sagte Ukridge, »aber das ist doch stark.«

Wahrscheinlich hätte er noch mehr gesagt, aber in diesem Augenblick ließ sich völlig unerwartet eine Stimme aus dem Hausinnern vernehmen. Es war eine weibliche Stimme, eiskalt und schneidend, eine Stimme, die sich in meiner Vorstellung sofort mit stechenden Augen, einer Hakennase und Haaren wie Stahlwolle verband.

»Stanley!«

Mehr sagte sie nicht, aber das genügte auch schon. Ich begegnete Ukridges Blick, in dem jetzt so etwas wie Panik lag. Er schien sich in seinen Regenmantel zu verkriechen wie eine Schnecke, die man beim Salatfressen ertappt hat.

»Stanley!«

»Ja, Tante Julia?«, antwortete Ukridge mit schwankender Stimme.

»Komm sofort herein. Ich habe mit dir zu reden.«

»Ja, Tante Julia.«

Ich verdrückte mich. Das Kläffen der Pekinesen im Haus war jetzt völlig hysterisch geworden. Erst fiel ich in Trab, und dann – obwohl es sehr heiß war – rannte ich, so schnell ich konnte.

Ich hätte natürlich auch bleiben können, aber das wollte ich nicht. Eine innere Stimme riet mir, diese traute Familienszene nicht zu stören.

Wie ich darauf kam, weiß ich nicht – vielleicht war es mein Weitblick oder die Fähigkeit, das alles nicht so eng zu sehen.

(Time Life Pictures / Getty)

P.G. Wodehouse

Sir Pelham Grenville Wodehouse (1881-1975) war zeitlebens von Hunden umgeben, und in seinen Geschichten ließ er gerne Tiere als Haupt- oder Nebenfiguren mit auftreten. Allerdings erfüllte er sich seinen Wunsch, in einem Haus auf dem Land mit »Hunden und Katzen und Kühen inmitten von Wiesen glücklich zu leben« erst als Siebzigjähriger. Er zog mit seiner Frau nach Remsenburg, einem kleinen Ort in Florida, und schrieb dort weitere zwei Jahrzehnte: Insgesamt 96 Romane, mehr als 300 Erzählungen, Drehbücher, Stücke und Musicals gehören zu seinem Werk.

Der Schriftsteller erschuf bis heute unsterbliche Figuren wie Stanley Featherstonehaugh Ukridge, Lord Emsworth oder Bertram Wooster und dessen Butler Jeeves. Im Alter von 94 Jahren, kurz vor seinem Tod wurde er von der englischen Königin, die ebenfalls seine begeisterte Leserin war, in den Ritterstand erhoben.

P.G. Wodehouse hat auch heute noch Millionen Fans in aller Welt. Wodehouse-Societys gibt es in Europa wie auch in Russland und Asien.

Manfred Plinke

»Enorm zu Herzen gehend.« WZ

Margaret Marshall Saunders

Beautiful Joe

Der Hund, der die Menschen verändert hat

208 Seiten, Hardcover, 2008
Deutsche Erstausgabe
ISBN 978-3-86671-043-6

»Es sind kleine, bezaubernde, aber auch nachdenkliche Geschichten über das Zusammenleben von Mensch und Tier, die auch nach 116 Jahren nichts von ihrer Eindringlichkeit verloren haben. Saunders Buch war ein Pionierwerk, ein Buch, das ein Meilenstein wurde für den Tierschutz und dazu beitrug, den Tierschutzgedanken zu verbreiten, das den ›stummen Kreaturen‹ eine Sprache gab. Wir freuen uns – noch mehr natürlich darüber, dass der zeitlose Klassiker jetzt auch in einer deutschen Ausgabe in der beachtenswerten edition tieger des Berliner Autorenhaus Verlages vertreten ist.«
Berliner Literaturkritik

Ein wunderbarer Text-/Bildband

Alte Hunde können blind, mürrisch, grau, eigensinnig, warzig, schwerhörig, kurzatmig, faul und schwerfällig sein. Aber jeder, der mit einem alten Hund gelebt hat, weiß, wie belanglos das ist. Alte Hunde sind verletzlich. Ihr Vertrauen und ihre Dankbarkeit sind grenzenlos. Sie sind auf eine neue, überraschende Art witzig. Aber vor allem haben sie eine innere Ruhe gefunden. Es ist schwer zu beschreiben. Ich nenne es Weisheit.

Aus dem Vorwort

Alte Hunde sind die besten Hunde

Gene Weingarten,
Michael S. Williamson

160 Seiten, ca. 19 x 20 cm
Hardcover, Schutzumschlag
ISBN 978-3-86671-052-8

Mit einem Anhang zur Pflege und Gesundheit alternder Hunde von einem auf Geriatrie spezialisierten Tierarzt.

»Teilweise schräge Fotos von beiden: hochklassige Autoren und ihre Gefährten.«
Myself